C'est bon signe

Retrouvez-nous sur nos réseaux sociaux :

@editions.bussiere
@bussiere_editions

Pour plus d'informations,
rendez-vous sur notre site web :
www.editions-bussiere.com

Crédits iconographiques Freepik :

© asimmeni0 © evakleinmanart © utilisateur23205478 © Lorreelstudio © jcomp © pikisuperstar © marinakotova000000 © rawpixel.com © Maria Petrova© ichikovnaïa © macrovecteur © je suis papajayd © Gomixeur © pic gratuit © midul022 © utilisateur5638775 © svartalfr © vecteur cool ©natrotstudio © utilisateur3840113 © frimufilms ©Alisles ©Verana_color © storyset ©mariadetarosarinda © Rochak Shukla © orchidart © 0melapics © an_kle © om_yos Art vectoriel de Theodor © liligraphie © 2k13team ©jcomp © drishyacreation101 © starline

ISBN : 978-2-85090-911-5

Claudia Oliveri

C'est bon signe !

Guide pratique pour s'aligner avec les étoiles

Table des matières

Ceux qui n'apprennent rien des faits désagréables de leur vie forcent la conscience cosmique à les reproduire autant de fois que nécessaire, pour apprendre ce qu'enseigne le drame de ce qui est arrivé. Ce que tu nies te soumet. Ce que tu acceptes te transforme.

Carl Gustav Jung

À propos de l'auteure

Je m'appelle Claudia OLIVERI et j'ai passé toute ma vie la tête dans les nuages. Petite, des étoiles phosphorescentes parsemées sur le plafond de ma chambre m'aidaient à trouver le sommeil et me réconfortaient lors de mes cauchemars. Très vite je me suis passionnée pour les astres et pouvais rester des heures enroulée dans un plaid à observer la Lune à travers mon télescope. En parallèle, mon parcours scolaire n'était pas à l'image des idées créatives et visionnaires qui fusaient dans mon esprit. Complètement perdue dans mes orientations professionnelles, j'étais à la recherche d'un support qui m'aiderait à comprendre ce que je devais faire, être, devenir.

J'ai passé dix années à dévorer des livres de développement personnel, à me former à la sophrologie, à interpréter mon ikigaï, mon Human Design, à assister à des ateliers d'interprétation des rêves. Toutes les méthodes s'avéraient les bienvenues, pourvu que je comprenne où serait ma place.

Puis, l'Univers m'a montré la voie que je devais suivre, celle qui m'envoûtait depuis toujours : celle des étoiles. L'Astrologie est devenue pour moi un mystère, une fascination, un théorème qui me semblait limpide ; comme si je possédais les clés d'un monde extraordinaire, empli de réponses, de possibilités et de combinaisons résolvant tout questionnement. Plus je lisais, plus je développais mes connaissances. Tout se débloquait dans mon esprit, mes lectures s'emboîtaient les unes aux autres et tout m'apparaissait comme étroitement lié, connecté, uni.

C'est alors que je me suis penchée sur les thèmes astraux, décryptant toutes les planètes, les astéroïdes, les points fictifs… tout ce qui composait ce merveilleux schéma de notre carte du ciel au moment de notre incarnation sur Terre. J'explorais avidement toutes les infimes parties de mon être et trouvais alors un sens à mes réactions, mes ressentis, mes émotions, mes échecs, mes victoires dans tous les domaines de ma vie. J'avais enfin trouvé mon outil de travail. Grâce à cette formule, je pouvais orienter mes choix, guérir mes blessures, analyser mes traumas, exploiter mon potentiel, comprendre mes peurs, mes karmas. J'apprenais également à être plus conciliante avec moi-même après tout ce temps à me chercher.

Aujourd'hui, je me suis mise à mon compte en tant qu'astrologue afin de pousser les explorations de cette science aussi ancienne que le monde et pouvoir à mon tour transmettre, guider et faire comprendre toutes les influences des astres. Mon but est d'aider chacun à révéler toute la lumière inscrite dans les étoiles de son thème astral, celle qui réside au fond de son cœur, de son âme, dans cette vie, avec tous les bagages de vies antérieures ne demandant qu'à éclore.

Afin de partager au mieux mes passions astrales, mes rapports à la spiritualité, mon chemin vers l'éveil, j'ai ouvert une page Instagram. J'y expose ma vision des astres, des influences des cycles lunaires, les bouquins qui ont eu un impact important dans mon évolution et des outils pour s'aligner au mieux à sa mission de vie. J'espère avec ce livre pouvoir toucher des personnes et illuminer leur journée tout en leur offrant quelques conseils.

L'astrologie est un art. L'art de lire, de décrypter les relations célestes.

Dans ce livre, je propose de vous guider dans la lecture de votre thème astral. Vous pourrez mieux décoder à votre tour, les lignes de votre existence, vos points forts, vos points faibles, vos dons et vos chemins de vie. Une partie de l'ouvrage sera consacrée à l'astrologie karmique, c'est une branche de l'astrologie qui étudie à son tour des points fictifs basés sur notre Karma, nos vies antérieures et les quêtes de notre incarnation.

Belle lecture à vous. Faites confiance aux étoiles.

Claudia

Introduction

L'astrologie est une discipline ancestrale qui consiste à étudier et interpréter les astres dans le ciel. Depuis des centaines d'années, elle est devenue un outil fascinant qui permet de comprendre et découvrir les profondeurs de notre personnalité. Véritable support de connaissances, l'astrologie met en lumière les relations célestes et offre des clés pour avancer vers les chemins du destin.

Le thème astral explore la position des planètes, des étoiles et des points fictifs dans le ciel à un moment donné. Cette carte du ciel est calculée à l'aide d'une heure, d'une date, d'une année et d'un lieu précis. Il est comme un journal de bord, une carte montrant tout le potentiel avec lequel vous vous êtes incarnés.

L'interprétation de son thème astral permet de mieux comprendre les influences des signes et des planètes dans les différents domaines de vie.

C'est un support qui identifie nos réactions, nos émotions, nos choix, notre personnalité, les moments clés de notre vie, les domaines où l'on a des facilités, ceux qui nous demandent plus de travail, nos blessures et comment les guérir, nos missions de vie et les moyens pour les réaliser, notre interaction avec le monde, les autres, l'image que l'on a de soi-même, nos vies antérieures et celle que l'on vit.

Le thème astral est le passé, le présent et le futur.

Dans ce guide, tu trouveras

Comment lire un thème astral, les points forts et les points faibles de tes placements. Tu pourras également explorer l'astrologie traditionnelle, l'astrologie karmique, observer les énergies des compatibilités amoureuses selon les signes, bien qu'elles ne soient limitées que par les signes solaires.

Dans ce guide, tu ne trouveras pas

Les aspects planétaires, Vertex, Phollus et Pallas que je ne développe pas à travers ces pages. (manque de pertinence et de précision à mon sens).

Point important

Chaque astrologue a sa version, son interprétation et sa spécialité. Il est donc normal que d'un expert à un autre, une explication puisse changer ou être vue sous un angle différent. C'est à vous de faire votre propre analyse, après avoir reçu toutes les informations. Ce qui fait sens pour vous, ce qui raisonne dans votre esprit est souvent votre vérité. Faites confiance à vos intuitions, votre cœur et vos ressentis.

Les bases de l'astrologie

Le thème astral

Le **thème astral** est une carte capturant la position précise des étoiles dans le ciel, au moment de ta venue au monde. Cette carte du ciel est l'outil qui permet de te fournir des informations sur ta personnalité, tes directions dans divers domaines de vie, l'héritage de tes vies passées et le potentiel avec lequel tu t'incarnes sur terre.

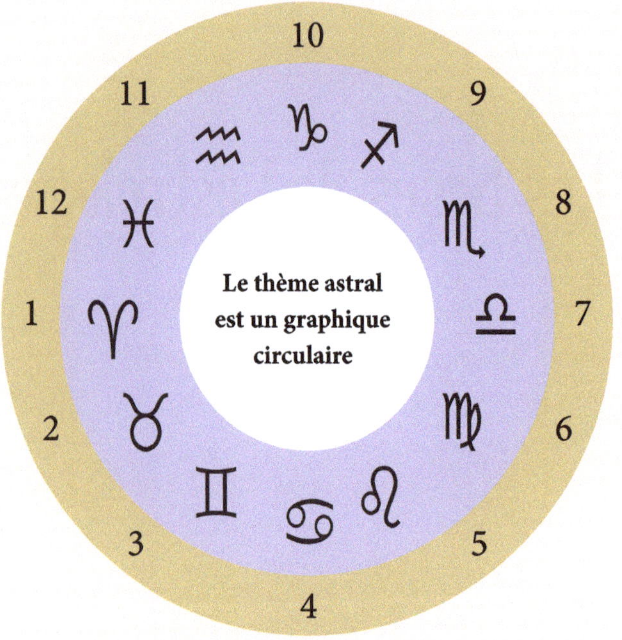

Afin de te lancer dans la lecture de ton thème astral, rendez-vous sur astrothème.fr pour télécharger ta carte du ciel. Tu auras besoin de tes date, heure et lieu de naissance.

À quoi ressemble un thème astral ?

Les lignes à l'intérieur du cercle sont les différents aspects entre les planètes

Les planètes et les points fictifs sont symbolisés ainsi que leurs degrés de position

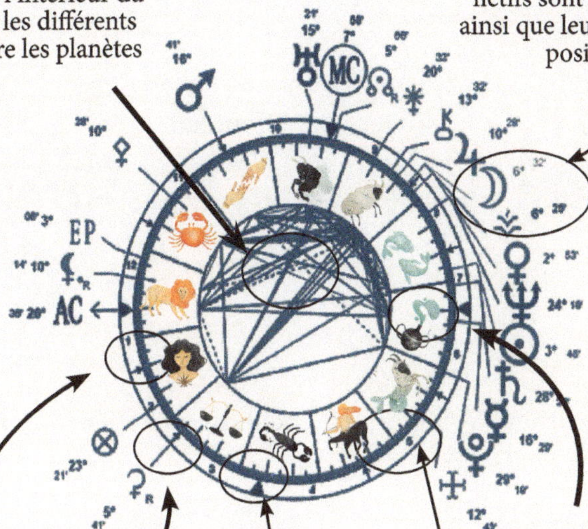

Les flèches permettent de savoir à quel moment une maison débute et se termine

Les 4 grandes flèches désignent les axes principaux du thème

La roue du zodiaque t'indique dans quel signe tombent ta maison et tes planètes

Les domaines de vie, appelé «Maisons», sont numérotés de 1 à 12, généralement sur l'extérieur

Les 4 axes :

- AC = Ascendant (à l'ouest)
- DC = Descendant (à l'est)
- FC/IC = Fond du Ciel (au sud)
- MC = Milieu du Ciel (au nord)

Ainsi les planètes et les signes qui entrent dans une maison influencent d'une certaine façon ta manière de réagir, d'être et de devenir dans ce domaine.

Les éléments

FEU

Bélier
Lion
Sagittaire

Énergie - Action - Volonté

TERRE

Taureau
Vierge
Capricorne

Réflexion - Patience - Organisation

AIR

Gémeaux
Balance
Verseau

Légèreté - Indépendance - Échange

EAU

Cancer
Scorpion
Poissons

Sensibilité - Émotion - Imagination

Les saisons

PRINTEMPS

Bélier
Taureau
Gémeaux

Envie de challenge

ÉTÉ

Cancer
Lion
Vierge

Besoin de lumière

AUTOMNE

Balance
Scorpion
Sagittaire

Retour à l'introspection

HIVER

Capricorne
Verseau
Poissons

Œuvre pour l'autre

Les modes

CARDINAL

Bélier
Cancer
Balance
Capricorne

Signes qui débutent une saison

Symbole de nouveauté

FIXE

Taureau
Lion
Scorpion
Verseau

Signes au milieu de chaque saison

Symbole de persévérance

MUTABLE

Gémeaux
Vierge
Sagittaire
Poissons

Signes qui terminent une saison

Symbole de changement

Les genres

YANG

Bélier
Gémeaux
Lion
Balance
Sagittaire
Verseau

Énergie masculine
Extraversion

YIN

Taureau
Cancer
Vierge
Scorpion
Capricorne
Poissons

Énergie féminine
Introversion

Les Maisons : les domaines de vie

Maison I

Le masque social, ce que le
monde perçoit de toi

Maison II

Les possessions, les biens
matériels et l'investissement

Maison III

La communication sous
toutes ses formes, la fratrie

Maison IV

Le foyer, la famille,
le rôle de mère, la relation
avec la mère

Maison V

Les enfants, les passions,
l'enfant intérieur,
le luxe, l'amour

Maison VI

La santé, la maladie, la
routine et le bien-être

Maison VII

Les engagements, les contrats, le mariage et les partenaires

Maison VIII

Les changements, l'intimité, la mort et les transformations

Maison IX

Les grands voyages, les études et la philosophie de vie

Maison X

La carrière, la vocation et l'image publique

Maison XI

Les projets associatifs,
les amitiés,
le collectif et le réseau

Maison XII

Le jardin secret,
la spiritualité,
les croyances et les rêves

Les symboles rencontrés

☉ Soleil

☾ Lune

☿ Mercure

♀ Vénus

♂ Mars

♃ Jupiter

♄ Saturne

⛢ Uranus

♆ Neptune

♇ Pluton

♈ Bélier

♉ Taureau

♊ Gémeaux

♋ Cancer

♌ Lion

♍ Vierge

♎ Balance

♏ Scorpion

♐ Sagittaire

♑ Capricorne

♒ Verseau

♓ Poissons

☊ Noeud Nord

☋ Noeud Sud

⚸ Lilith

⚷ Chiron

⚳ Cérès

⚵ Junon

⚶ Vesta

Part de Fortune

Vertex

Lecture astrologique

1

Choisir une planète, un astéroïde ou un point fictif = REPRÉSENTE = Le sujet à travailler

\+

2

Repérer dans quel signe du zodiaque l'astre se situe = REPRÉSENTE = La manière dont tu abordes le sujet

\+

3

Repérer dans quelle maison il tombe = REPRÉSENTE = Le(s) domaine(s) de vie où tu travailles le sujet

Création d'un scénario avec la lecture des 3 supports

1 2 3

Le « Big Three »

Englobe le signe solaire, l'ascendant et le signe lunaire, c'est le trio cosmique le plus important du thème astral. Ce sont les 3 signes qui sont les plus significatifs de notre personnalité, de notre être.

J'aime bien le représenter à l'aide d'une bouteille pour mieux faire comprendre et visualiser le « Big Three ». En imaginant que nous sommes cette bouteille :

Notre signe Solaire, représente notre nature profonde. Dans ce cas, il est la forme, la couleur, la taille, la texture, la matière de la bouteille. Il est la bouteille elle-même dans son entièreté.

Notre ascendant représente l'image que l'on renvoit et que le monde perçoit en premier. Dans ce cas, il est l'étiquette sur la bouteille, la marque, ce qui permet de l'associer et d'avoir une information directe.

Notre signe lunaire, représente ce qui se passe à l'intérieur de nous, comment l'on gère nos sentiments et nos émotions. Dans ce cas, il est représenté par le liquide à l'intérieur de la bouteille.

Le Stellium

En Astrologie, un **stellium** signifie avoir un amas de plus de 3 planètes dans la même maison, dans le même signe ou dans la même zone du ciel. Un **stellium** peut être une force dans un thème astral, mais il reste néanmoins complexe à décrypter. Ces planètes sont « soudées » et s'entrelacent pour s'élever ensemble. Observe ton thème astral pour y trouver un ou plusieurs **stelliums**.

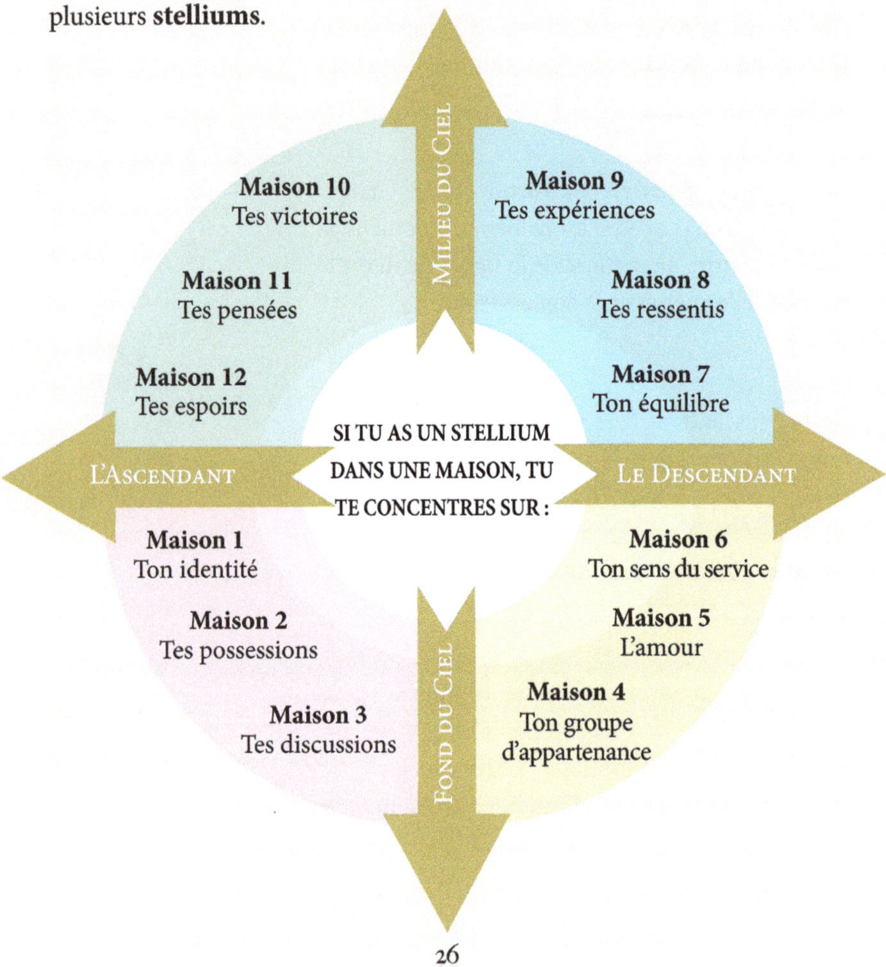

Les quadrants

Le **thème astral** se compose de **4 quadrants**. Si, dans la carte du ciel, on retrouve des stelliums positionnés vers un ou plusieurs quadrants, on peut noter des directions et des intérêts plus soutenus.

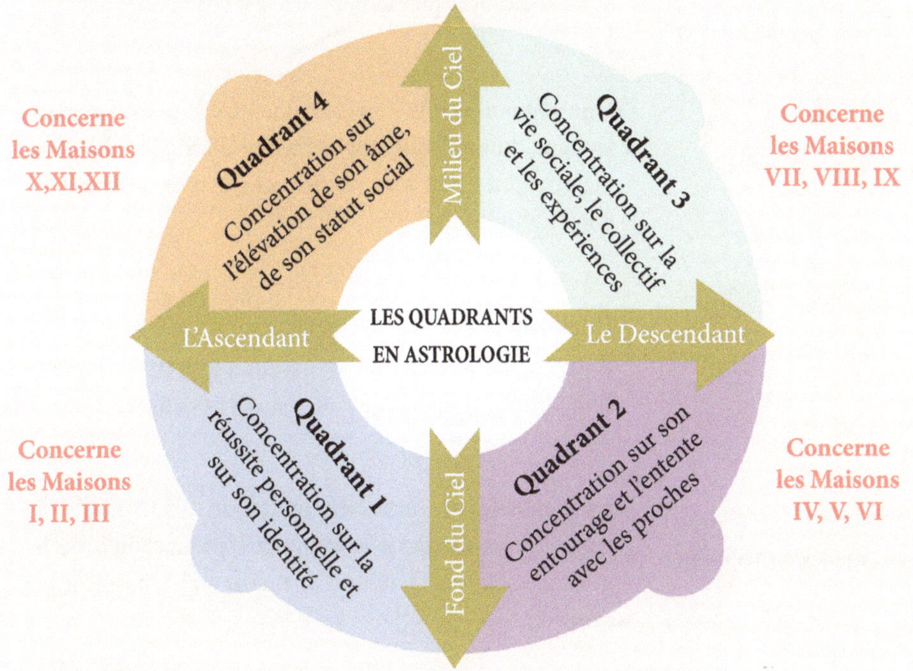

L'ascendant : Le masque que tu portes face au monde et donc la première image que l'on a de toi.

Le fond du ciel : Indique comment tu te ressources et comment tu te vois.

Le descendant : Indique les valeurs que l'on cherche à développer ou celles qu'on attend d'un partenaire.

Le milieu du ciel : Indique ta carrière, ta vocation.

Les maîtrises planétaires

DOMICILE	Une planète est dite en « domicile » lorsqu'elle se trouve dans le signe astrologique qui la gouverne. Elle peut alors s'épanouir pleinement, elle est chez elle.
EN EXIL	Une planète est dite « en exil » lorsqu'elle se trouve dans le signe du zodiaque opposé à son domicile. Elle aura beaucoup de mal à se révéler, sa position sera faible, voire compliquée.
TRIGONOCRATIE	Une planète est dite « en trigonocratie » lorsqu'elle se trouve dans un signe astrologique du même élément. Elle utilisera sa puissance de manière positive.
EN EXALTATION	Une planète est dite « en exaltation » lorsqu'elle se trouve dans un signe astrologique proche. Elle ne le maîtrise pas, mais sera tout de même en harmonie avec celui-ci.
EN CHUTE	Une planète est dite «en chute» lorsqu'elle se trouve à l'opposée du signe astrologique « en exaltation ». Elle perd alors tout son potentiel.

Découvrons maintenant…

Ce qui fait de toi, toi

Le Soleil
Comment tu rayonnes

La Lune
Comment tu écoutes tes émotions et tes besoins

Ce qui vit en toi

Mercure
Comment tu penses

Vénus
Comment tu aimes

Mars
Comment tu agis

Ce qui te connecte au monde extérieur

Jupiter
Comment tu saisis ta chance

Saturne
Comment tu persévères

Ce qui te connecte au monde intérieur

Uranus
Comment tu te différencies

Neptune
Comment tu te connectes

Pluton
Comment tu te transformes

Ce qui fait de toi, toi

LES LUMINAIRES

Le signe solaire

J'incarne ce qu'il y a de plus profond en toi,
ta flamme intérieure, ta nature, ce qui te fait briller

Symbole : ☉

Maîtrise la Maison : V

Maîtrise le signe : Lion

Tour du zodiaque : Date d'anniversaire

En Domicile : Lion

En Exaltation : Bélier

En Exil : Verseau

En Trigonocratie : Sagittaire

En chute : Balance

BÉLIER

Premier signe du zodiaque
Signe de Feu gouverné par Mars
Ouvre la saison du Printemps - Genre Yang - Maîtrise la Maison I

Le **Bélier** est dynamique, impulsif, énergique avec un grand besoin de s'affirmer. Constamment à la recherche d'action, de sensations, d'expressions, il a besoin d'objectifs personnels concrets. Personnage courageux, fougueux et explosif, le Bélier agit avant de réfléchir. Lorsqu'il entreprend, que ce soit au niveau personnel ou professionnel, il se donne corps et âme.

TAUREAU

Deuxième signe du zodiaque
Signe de Terre gouverné par la Lune et Vénus
Mi-saison du Printemps - Genre Yin - Maîtrise la Maison II

Le **Taureau** est un doux casanier, gourmand et calme. Il construit, réfléchit avec sérieux et détermination. Son cocon est son repaire. Avançant avec prudence dans chaque moment de sa vie, il aime décortiquer les détails pour s'investir sur le long terme. Il se montre également très séducteur et possède une grande sensibilité.

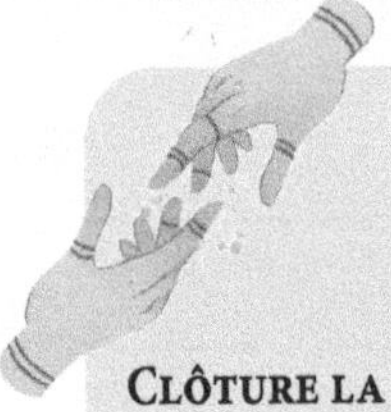

GÉMEAUX

Troisième signe du zodiaque
Signe d'Air gouverné par Mercure
Clôture la saison du Printemps - Genre Yang - Maîtrise la Maison III

Le **Gémeaux** se laisse porter par la vie. Adepte de la communication sous toutes ses formes, il navigue entre tous les domaines, ce qui le rend extrêmement curieux, intelligent et ouvert d'esprit. Véritable caméléon, il s'adapte tout naturellement au changement avec joie et malice. Ce qui devient sa marque de fabrique.

CANCER

Quatrième signe du zodiaque
Signe d'Eau gouverné par Lune et la Lune Noire
Ouvre la saison de l'Été - Genre Yin - Maîtrise la Maison IV

Le **Cancer** est un éternel nostalgique, ce qui fait de lui une bibliothèque à souvenirs. C'est dans son monde imaginaire rempli d'histoires qu'il s'inspire pour faire de son foyer un lieu chaleureux et convivial. Sa famille est sa priorité, c'est pourquoi il maintient des relations saines avec ses proches. Son héritage familial est sa plus grande fierté.

LION

Cinquième signe du zodiaque
Signe de Feu gouverné par le Soleil
Mi-saison de l'Été - Genre Yang - Maîtrise la Maison V

Le **Lion** débarque comme le roi de la Savane au milieu du monde. Solaire, persévérant et passionné, il incarne l'extraversion. Sa générosité et sa loyauté sont les qualités fondamentales de notre soleil. Charismatique, parfois trop, il est au centre de toutes les attentions, car il ne néglige ni sa tenue, ni ses fréquentations et l'endroit où il se trouve.

VIERGE

Sixième signe du zodiaque
Signe de Terre gouverné par Mercure et Cérès
Ouvre la saison de l'Automne - Genre Yin - Maîtrise la Maison VI

La **Vierge** est consciencieuse, perfectionniste et méthodique. Tout est calculé, cadré et organisé. Rien n'est laissé au hasard. Son tempérament calme lui permet d'analyser les détails afin d'être la plus performante possible. Soignée et minutieuse, elle prend le temps de concocter des présents pour les personnes qui lui sont chères, et ce, de manière très personnalisée.

BALANCE

Septième signe du zodiaque
Signe d'Air gouverné par Vénus et Junon
Ouvre la saison de l'Automne - Genre Yang - Maîtrise la Maison VII

La **Balance** est charismatique, douce et à l'écoute. Sa soif de justice la rend sensible, empathique aux autres et à l'environnement qui l'entoure. Elle a besoin de se sentir constamment en phase avec ses collaborateurs pour avoir des relations harmonieuses et durables. Les doutes et les décisions représentent une source d'angoisse à ses yeux.

SCORPION

Huitième signe du zodiaque
Signe d'Eau gouverné par Mars et Pluton
Mi-saison de l'Automne - Genre Yin - Maîtrise la Maison VIII

Le **Scorpion** est pétillant, piquant, fougueux, avide d'expériences. Il cherche à se remettre en question constamment afin de trouver son équilibre dans ses transformations. Séducteur et imprévisible, il se nourrit et succombe aux plaisirs interdits de la vie et explore toutes les facettes de son âme. Il s'interroge sur les mystères de la vie et de la mort.

SAGITTAIRE

Neuvième signe du zodiaque
Signe de Feu gouverné par Jupiter
Clôture la saison de l'Automne - Genre Yang - Maîtrise la Maison IX

Le **Sagittaire** est optimiste, positif et débrouillard. En quête constante d'exploration, de connaissances et de voyages, il est le premier à partir avec un sac à dos à la recherche de nouveaux horizons. Il mène une vie à son image : sa propre philosophie s'inspire de cultures étrangères, de spiritualité et d'ouverture sur le monde de demain.

CAPRICORNE

Dixième signe du zodiaque
Signe de Terre gouverné par Saturne
Ouvre la saison de l'Hiver - Genre Yin - Maîtrise la Maison X

Le **Capricorne** est ambitieux, organisé, prévoyant. Son refuge préféré est le travail, il en veut toujours plus. Il peut tout gérer d'une main de maître, cela fait partie intégrante de lui. Il est prudent, calme et dynamique.
Sa source d'inspiration : les gens qui ont marqué le monde grâce à leur discipline, leur rigueur et leur persévérance pour, un jour, devenir quelqu'un.

VERSEAU

Onzième signe du zodiaque
Signe d'Air gouverné par Uranus
Mi-saison de l'Hiver - Genre Yang - Maîtrise la Maison XI

Le **Verseau**, indépendant et communicatif, recharge ses batteries auprès de ses nombreux amis, provenant tous d'univers différents. Il rassemble, transmet, expérimente dans un esprit toujours collectif. Les solutions, c'est sa spécialité ! Il est original, marginal et se projette vers un monde meilleur.
La technologie ou les réseaux sociaux lui permettent de partager ses conseils de visionnaire.

POISSONS

Dernier signe du zodiaque
Signe d'Eau gouverné par la Lune et Neptune
Clôture la saison de l'Hiver - Genre Yin - Maîtrise la Maison XII

Les **Poissons** sont des extraterrestres. Pour exprimer leurs émotions, leur sensibilité, leur empathie, ils jouent avec toutes les formes artistiques.
Très intéressés par tous les mondes qui les entourent, visibles et invisibles, ils sont parfois solitaires, en quête de vérité, leur vérité. À l'écoute des autres, ils sont fiables et attachants.

Le signe solaire en Maison

Soleil en Maison I : Affirmer ta personnalité est ta priorité, tes projets personnels et toutes les choses que tu entreprends seul(e) sont ta plus belle fierté. Placement qui appuie une carrière en tant que dirigeant, indépendant ou à un poste à responsabilités pour la soif du challenge. Métiers également en rapport avec l'affirmation de soi.

Soleil en Maison II : Avoir une sécurité financière, matérielle et stable, est ton objectif. Ta plus grande satisfaction réside dans l'accumulation de biens qualitatifs, notamment pour ton chez-toi. Position propice à l'investissement dans l'immobilier.

Soleil en Maison III : La communication est ta spécialité. Tu sais t'exprimer avec facilité et de manière limpide, spontanée, peu importe la forme ou le public. Position propice aux métiers dans les écrits, le relationnel ou en collaboration avec un frère/une sœur.

Soleil en Maison IV : Véritable hôte dans ton foyer ou ta famille, c'est ainsi que tu te sens le mieux, entouré(e) des tiens. Position favorable à la mémoire, aux traditions avec un héritage familial inspirant. Propice aux métiers dans une entreprise familiale, le notariat, la bibliothèque, la décoration ou liés à la maison.

Soleil en Maison V : Tes créations personnelles, tes histoires de cœur, tes passions ou les enfants sont à l'origine de tes joies et de ton bonheur. Dans cette position, le Soleil est dans sa maison, il est donc encore plus rayonnant et énergique. Position favorable à la vie amoureuse, aux métiers artistiques, autour des jeunes, des lieux luxueux ou des finances.

Soleil en Maison VI : La santé est au centre de ta vie. Il te faut une petite routine cosy, un job où tu te sens bien et utile. Les tâches quotidiennes te rassurent ; tu es complètement dévoué aux autres et as le sens du détail. Position favorable à une bonne santé ou des métiers dans le soin, le médical, les sciences et le bien-être.

Soleil en Maison VII : L'engagement est un point d'honneur. Que ce soit dans un partenariat ou dans ta vie de couple, les signatures, les contrats, les mariages sont importants à tes yeux. Il est donc primordial pour toi de trouver le/la compagne idéal(e) pour ton équilibre. Position propice à un mariage heureux ou à des métiers dans la justice, le droit, le notariat ou l'Administration.

Soleil en Maison VIII : Tes remises en question, l'analyse de tes émotions t'aident à être continuellement en évolution. Tu cherches à explorer ton esprit pour en comprendre toutes les parts de lumière comme d'ombre. Position favorable aux métiers liés à la psychologie, à la sophrologie, à l'hypnose, à la sexualité.

Soleil en Maison IX : Cultiver ta propre philosophie de vie est ton objectif. Tu cherches cette inspiration auprès de tes voyages, de tes longues études, des modes de vie étrangers, dans la religion ou dans la spiritualité. Position propice aux métiers de l'enseignement, des voyages ou des langues.

Soleil en Maison X : Ta carrière ou ton image publique sont ta priorité dans la vie. Ton élévation sur le plan social est extrêmement importante pour toi et tu te donnes les moyens pour évoluer dans ta vie professionnelle. Position qui appuie la réussite et l'ambition. Métiers liés à la politique, aux ressources humaines ou à un poste significatif.

Soleil en Maison XI : La technologie, les réseaux sociaux, l'amitié font tourner ton monde. En quête constante de nouveauté, de rencontres, ton ouverture d'esprit n'a aucune limite. Position propice à une collaboration entre amis, à un métier où il faut travailler en équipe pour changer les modes de vie et vivre « ensemble ».

Soleil en Maison XII : Les mondes visibles, les mondes invisibles te fascinent. Un goût très prononcé pour tous les mystères de la vie et de la mort. Tu es également doté d'une belle intuition et une grande empathie. Position propice aux métiers liés aux arts divinatoires, aux hôpitaux, à l'expression de soi (danse, peinture, dessin, théâtre) et aux arts de manière générale.

Le signe lunaire

Je dévoile ta part féminine, ta créativité,
ton enfant intérieur et ta sensibilité

Symbole : ☽
Maîtrise la Maison : IV
Maîtrise le signe : Taureau et Cancer
Tour du zodiaque : 28 jours
En Domicile : Cancer
En Exaltation : Taureau
En Exil : Capricorne
En Trigonocratie : Poissons
En chute : Scorpion

Le signe dans lequel tombe ta **Lune** exprime comment tu gères tes émotions, ton instinct, ta sensibilité ou ta créativité avec l'ensemble de tes sens. Elle présente également la manière dont tu captes l'environnement, le monde ou les gens autour de toi. La position de la Lune évoque la relation avec la mère, l'enfant intérieur et l'enfance. Pour une femme, cet astre met le point sur sa féminité et le rapport avec son corps, son esprit et sa part Yin. Quant à un homme, la Lune parle aussi de son lien avec les femmes, les femmes de sa vie, sa partenaire, sa fille, sa mère ou sa sœur.

Lune en Bélier : Les émotions sont impulsives, fortes, brutes. Tes ressentis portent instantanément des jugements, des opinions très tranchées sur les personnes que tu rencontres. Tu exprimes ce qui se passe au fond de toi avec peu de tact, tu veux absolument donner ton opinion et partager ce qui te traverse. La franchise est un point d'honneur pour toi, mais il faut savoir l'utiliser avec précaution pour éviter de blesser ceux qui t'entourent. En ce qui concerne le côté maternel, tu as su tirer une forme d'indépendance dans ta manière de percevoir le monde. Tu viens probablement d'une famille nombreuse ou, au contraire, as manqué d'un côté féminin, ce qui te pousse à faire entendre ta voix, celle de l'intérieur.

Lune en Taureau : Une belle réceptivité aux émotions, qui sont vécues avec prudence, empathie et douceur. Tu peux te sentir dépassé lorsque tu ne trouves pas en sécurité; tu es si prévoyant qu'il est rare que tu te retrouves submergé par tout ce que tu vis. À partir du moment où tes proches et toi-même vous sentez bien, tu sais gérer d'une main de maître tes ressentis. Néanmoins, la spontanéité ou les imprévus peuvent te stresser ou t'angoisser. Ne pas avoir la maîtrise des événements ou de tes sentiments peut te tétaniser, te bouleverser. Tu as reçu le côté maternel de ta mère, puisque tu vérifies que chaque être qui entre dans ton cœur s'y sent chez lui, quitte à le faire passer avant toi. Attention donc à ne pas te négliger au détriment des autres. De plus, la Lune se trouve dans un signe qu'elle maîtrise.

Lune en Gémeaux : Tu sais mettre des mots sur toutes les émotions qui te transpercent. Véritable antenne, tu captes et réceptionnes toutes les réactions des personnes autour de toi, ce qui fait que ton humeur ou tes ressentis peuvent être troublés, inconstants ou instables. Très à l'écoute de ton entourage et de tes innombrables rencontres, il te faut prendre de la distance pour réussir à entendre ton for intérieur. Évite également de sauter d'une émotion à l'autre pour que ton cœur puisse tenir la cadence. Position qui permet une belle clairvoyance, des facilités pour l'écriture et une soif de lecture. La relation maternelle a pu donner lieu à des différends résultant des va-et-vient de vos émotions respectives.

Lune en Cancer : Très belle sensibilité, réceptivité et intuition. Dans cette position, la Lune est « à sa place », elle te permet alors de t'exprimer et de vivre chaque émotion de la manière la plus intense et la plus forte qui soit. Tu es également très créatif. La moindre émotion peut engendrer des litres de larmes. Ta famille, ton foyer, tes racines sont ta priorité et tu te plies en quatre pour eux. En bonne « mère » de famille, tu es la continuité de la tienne avec beaucoup d'affection et de douceur. Elle est ton héroïne, ton modèle. C'est ainsi que tu te sens en sécurité : entouré des tiens. Ce qui parfois te rend peu ouvert au monde.

Lune en Lion : Toutes tes émotions, même les plus négatives sont prises avec force et courage. Tu es un exemple quand il s'agit de vivre des moments durs ou forts, ce qui te permet de prendre un certain recul. Tu amènes beaucoup de chaleur, de lumière et de générosité dans ce que tu vis. Tu puises l'énergie dans ton signe solaire et tu avances avec beaucoup de vitalité, de résistance face à toutes les épreuves. En revanche, lorsque tu te retrouves face à l'indécision ou l'incertitude, tu es capable d'exploser et d'être incontrôlable. Tes centres d'intérêt, tes passions, te permettent de lâcher prise et de faire briller ton for intérieur. Tu dois avoir même un don dans un domaine artistique. Ta mère a probablement été au centre de l'attention durant ton enfance et avait tendance à tout dramatiser, ce qui t'a rendu plus robuste en grandissant.

Lune en Vierge : Ton esprit réfléchi laisse peu de place aux émotions. Tu préfères les mettre de côté pour te consacrer à des tâches plus importantes à tes yeux. Tes émotions sont mises au second plan, tu te concentres davantage sur les besoins des autres. Tes petites habitudes, ta routine te donnent une sécurité émotionnelle face à tes démons, ou à l'incertitude de l'avenir. Tu as tendance à te mettre en retrait, ce qui te pousse à rester dans ta bulle. Le goût du travail t'a sans doute été transmis par ta mère ; tu sais qu'il faut se donner les moyens de réussir. Si, une figure maternelle t'a fait défaut, tu privilégies le fait d'aider au maximum les gens autour de toi, parfois au détriment de tes sentiments. Position possible pour une carrière dans le médical, le soin et le service.

Lune en Balance : Face à tout ce qui te traverse, tu essaies de garder la tête haute, d'affronter chaque émotion sans jugement. Tu cherches à sauver les apparences même lorsque ton monde intérieur tombe. Tu t'exprimes avec douceur, objectivité et impartialité. L'image que tu renvoies de toi est importante et tu t'obliges parfois à cacher le vacarme qui crie en toi. C'est dans l'amour que tu trouves du réconfort et tu n'avances pas sans le soutien de ta moitié. Même si l'enfance a été difficile ou compliquée, tu as su rester de marbre et en faire une force profonde. Tu as reçu un soutien sans faille de ta mère.

Lune en Scorpion : Tu reçois chaque émotion comme un pic en plein cœur et tu renvoies la balle. La tourmente qui gronde en toi reste parfois très secrète, tu gardes cette sensibilité bien cachée. Avec cette position, tu es sûrement invité à développer des facultés dans l'occulte, avec un intérêt pour le mystère, la voyance ou les arts divinatoires. Tu as du mal à digérer les émotions, ce qui peut te rendre compliqué, destructeur et têtu, parce que tu passes par mille chemins pour communiquer tes véritables sentiments.

Lune en Sagittaire : C'est à travers tes voyages, tes découvertes, et tes émotions que tu crées ta propre philosophie de vie. D'un tempérament positif et fougueux, tu sais exprimer et expérimenter tout ressenti. Tu pétilles. Ta soif d'évasion est ton refuge. Tu te nourris de chaque lieu, chaque chose que tu explores. Néanmoins, tu cherches constamment à comprendre ce qui se trame en toi, par la spiritualité, la méditation ou en vivant de nouvelles expériences. Encouragé par une mère très attentionnée, tu espères secrètement plus de stabilité émotionnelle.

Lune en Capricorne : Les sentiments sont bien maîtrisés, fluides, presque organisés dans un classeur Excel. Tu connais tout de toi-même, tes limites, tes parts d'ombre et de lumière. Réservé, calme, tu sembles toujours dans le contrôle, au point de parfois donner l'impression d'être froid, rigide, et dépourvu d'émotion. La relation maternelle a peut-être été marquée par un manque de démonstration affective, provoquant cette distanciation entre toi et tes ressentis. Tu es également exigeant envers toi-même et envers les autres, et un brin autoritaire quand l'occasion se présente. D'ailleurs lorsque tu t'exprimes, c'est pour énoncer des informations concrètes, analysées, réfléchies, limpides.

Lune en Verseau : Il y a le monde et il y a toi. Tu saisis très rapidement la nature des émotions qui te traversent et les vis chacune d'une façon inattendue, originale ou différente. Dans le vacarme de la vie, tu t'entends, tu t'écoutes, tu suis ton cœur, ton instinct. Tu as le contrôle sur ce qui se passe en toi et tu réussis à l'utiliser, à l'exploiter comme un chef d'orchestre. Tu décides quand, comment et pourquoi tu dois avoir recours à tes émotions. Avec une mère originale, voire marginale, tu as été spectateur de cette différence et elle-même t'a poussé à utiliser ce qui résonnait en toi dès l'enfance et à cultiver ta singularité.

Lune en Poissons : Tu vis chaque émotion, de la plus petite à la plus grande émotion, comme un véritable tsunami intérieur. Véritable éponge, tu ressens tout, de la pièce dans laquelle tu te trouves, à l'animal que tu caresses, en passant par le voisin qui gare sa voiture. Hypersensible et intuitif, il te faut créer une bulle autour de toi pour ne pas te laisser envahir par ceux qui t'entourent. En effet, cette réceptivité est ta force, mais aussi ta faiblesse. Te faut-il suivre ton instinct et protéger cet espace vital ou éviter tout contact avec l'extérieur ? Ton enfance est marquée par l'absorption de toutes les énergies rencontrées et imprimées dans ta mémoire. La figure maternelle t'a poussé, pour gérer ces émotions à utiliser l'art sous toutes ses formes. Position propice aux métiers en rapport avec l'humain (développement personnel, social, aides humanitaires).

La maison dans laquelle se situe ta Lune reflète le domaine dans lequel tu te sens le mieux pour exprimer tes émotions.

Lune en	Ton équilibre et ton bien-être dépendent de :
Maison I	l'image que tu renvoies de toi et ce que pensent les gens.
Maison II	tes biens matériels et de tes finances qui sont gérées en fonction de tes émotions.
Maison III	des liens fusionnels que tu as avec tes frères et sœurs, cousins ou cousines ainsi que les nouvelles rencontres que tu fais pendant tes déplacements.
Maison IV	ta vie de famille : elle est le centre de ton existence et ton foyer est un lieu de réconfort.
Maison V	tes passions, tes enfants et l'art. La vie amoureuse est un conte de fées.
Maison VI	ta routine professionnelle. Tu feras ce qu'il faut pour avoir un train de vie idéal.
Maison VII	tes partenariats, associations, ou de ton engagement dans les relations ou le mariage.
Maison VIII	ta capacité à te remettre en question, à t'autogérer sur le plan émotionnel.
Maison IX	ta soif de connaissances, tes découvertes, tes expériences humaines et tes voyages.
Maison X	ton ambition, ta vocation. Trouver ta voie professionnelle sera ta principale motivation.
Maison XI	tes amis, qui sont ton réconfort. Leur présence, leur conseils sont essentiels à tes yeux.
Maison XII	ton jardin secret, tes faces cachées et des mystères de la vie.

L'Ascendant

L'Ascendant est le point qui se trouve le plus à l'est du thème astral. Il représente également la Maison I et le signe dans lequel il se situe et évoque la manière avec laquelle tu te présentes au monde : ton apparence, ton caractère…

Notre direction de vie est indiquée par le signe dans lequel l'Ascendant se trouve. Il se doit de remplir entièrement la Maison I, afin d'orienter complètement son chemin. Si, au contraire, la Maison I est occupée par un ou plusieurs signes du zodiaque, l'orientation se fera par la fusion et l'harmonisation de ces signes, entremêlant leurs inspirations. Leurs influences se manifesteront successivement tout au long de la vie.

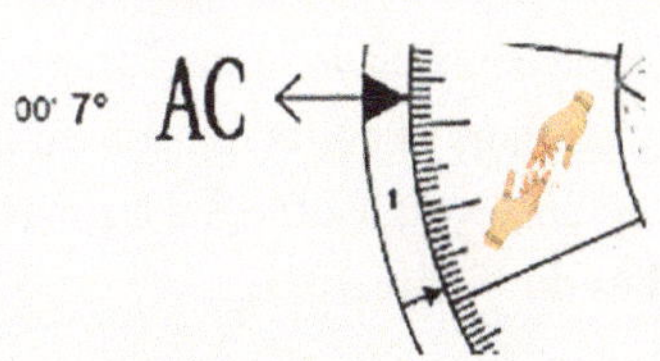

Exemple : Ascendant en Gémeaux

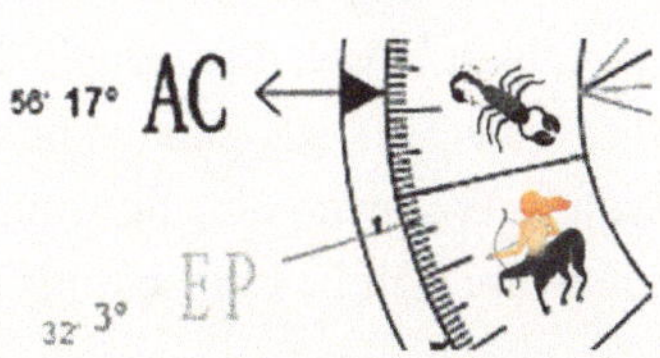

Exemple : Ascendant en Scorpion puis en sagittaire

L'Ascendant Bélier : est combatif, dynamique, énergique. Il a soif d'actions et souhaite exprimer quelque chose qui émane de lui. Face à l'adversité, il se fortifie et sait se relever lorsqu'il est à terre. Quand il est sollicité pour un projet, il s'investit tellement qu'il peut parfois se montrer impatient, colérique ou impulsif. De plus, il aura besoin de challenge personnel pour s'épanouir, se sentir vivant et avoir une bonne estime de lui-même. Mars est son plus grand allié du thème astral.

L'Ascendant Taureau : est calme, sensuel et affectueux. Il cherche à s'enraciner, à se sécuriser et à avoir des bases solides et stables. Son caractère lui permet d'être endurant, paisible et serein face aux aléas de la vie. La routine le rassure, le stimule même. Son côté passif peut donner l'impression qu'il cherche constamment la facilité ou limite ses efforts dans la difficulté. Il est raisonné, déterminé et ne doutera jamais de son investissement dans tous les projets. C'est un être attachant, fidèle et possessif. Vénus et la Lune sont ses plus grands alliés du thème astral.

L'Ascendant Gémeaux : est sociable, communicatif et capable de vivre au jour le jour. Le changement est sa marque de fabrique et c'est pourquoi il peut laisser croire qu'il est instable ou superficiel. Pourtant, son adaptabilité qui lui permet d'être efficace dans toutes les situations et face à tout type de personnes. Sa curiosité lui procure l'envie d'accumuler les expériences. Sa vie sera marquée par une transition d'un monde matériel vers un monde plus spirituel. Il est si dévoué qu'il sera souvent tenté de se mettre au second plan. Mercure est son plus grand allié du thème astral.

L'Ascendant Cancer : est sensible, casanier, imaginatif. Véritable hôte dans son foyer, il a besoin d'être aux petits soins avec ses proches. Il est souvent d'humeur changeante, car il a peur de perdre sa sécurité et son équilibre. Lorsqu'il est blessé, il se réfugie dans sa carapace jusqu'à la fin de l'orage. Intuitif, protecteur, attachant et nostalgique, c'est dans sa petite maison qu'il se ressource et s'épanouit le plus, auprès des personnes qu'il aime. La Lune et La Lune Noire (Lilith) sont ses plus grands alliés du thème astral.

L'Ascendant Lion : est volontaire, charismatique et bienveillant. En tant que Soleil, sa chaleur attire à lui les gens comme des aimants et cela sans trop lui déplaire, bien au contraire. Se faire remarquer est sa spécialité et passer incognito le rendrait malade. Il se sent sûr de lui et prêt à se fixer des objectifs qu'il compte atteindre coûte que coûte. Sa lumière intérieure peut parfois l'aveugler, il doit donc faire attention à ne pas se brûler les ailes. Le Soleil est son plus grand allié du thème astral.

L'Ascendant Vierge : est logique, méthodique, efficace. Tout est scrupuleusement préparé de manière claire et réfléchie. Il est calme, posé, un brin maniaque avec ses affaires et ses biens. Il a les pieds sur Terre et observe le monde de sa place. Sociable et curieux, il adore débattre sur des sujets qui stimulent son cerveau. Son perfectionniste peut le conduire à une certaine solitude et le plonger parfois dans des états dépressifs, tristes et mélancoliques. Mercure et Cérès sont ses plus grands alliés du thème astral.

L'Ascendant Balance : est doux, empathique, calme. Il espère être constamment dans un environnement équilibré, harmonieux et lorsque cela ne sera pas le cas, fera tout pour retrouver l'harmonie. De plus, sa vie amoureuse revêt une grande importance et trouver sa moitié est pour lui une priorité. Il évite au maximum le conflit et contourne les problèmes pour toujours voir la vie en rose. Sa sympathie le rend parfois trop naïf et influençable, et peut le conduire à suivre l'avis général pour être à la bonne place. Vénus, Saturne et Junon sont ses plus grands alliés du thème astral.

L'Ascendant Scorpion : est intuitif, magnétique, profond. Il est observateur et sait donner son avis piquant quand il faut, mais aussi quand il ne faut pas. Véritable phœnix, il sait se renouveler, se challenger, se remettre en question et il apprend de ses erreurs comme de ses victoires. Afin de garder le contrôle en cas de crise, il utilise son venin pour se préserver des intrusions émotionnelles et affronte les problèmes à la racine. La Lune, Mars et Pluton sont ses plus grands alliés du thème astral.

L'Ascendant Sagittaire : est optimiste, aventurier, ouvert d'esprit. Cet esprit chanceux attire comme un aimant toutes les meilleures opportunités. Ce qui le motive le plus, c'est de vivre de nouvelles expériences, ou de découvrir de nouvelles destinations. L'ennui est banni de son quotidien et chassé totalement de sa vie. S'il sait à quel moment changer de cap, se renouveler, et changer d'horizon, il le doit à sa bonne étoile et à son intuition. Jupiter est son plus grand allié du thème astral.

L'Ascendant Capricorne : est motivé, exigeant, pragmatique. Il passe le plus clair de son temps à travailler ou dans son environnement professionnel. S'il n'est pas scotché à son bureau, il réfléchit à toutes les missions qui lui restent à accomplir, à tous les projets susceptibles de faire évoluer sa carrière. Cet Ascendant adoucit le signe solaire et le rend plus posé, plus stable, mais aussi plus pensif, voire enclin à des états dépressifs. Saturne est son plus grand allié du thème astral.

L'Ascendant Verseau : est indépendant, original et a des goûts éclectiques. Il mène sa propre barque avec ferveur et liberté. Il a besoin de se sentir toujours différent du monde qui l'entoure, de dénicher des lieux nouveaux ou insolites et de s'entourer de personnes de confiance émanant d'autres cultures. Épicurien dans l'âme, amoureux de la vie, il est le premier à se mobiliser pour protéger la planète, les animaux, ses valeurs, sa patrie ou sa philosophie de vie. Uranus et Saturne sont ses plus grands alliés du thème astral.

L'Ascendant Poissons : est sensible, intuitif, rêveur. Éponge émotionnelle et énergétique, il peut être rapidement submergé par tout ce qui l'entoure, les personnes, les lieux. Sa belle imagination et son sens artistique fusionnent et donnent lieu à une créativité intérieure sans limite. Très intéressé par les mystères et sciences occultes, il peut développer des facultés de clairvoyance. Neptune est son plus grand allié dans le thème astral.

Ce qui vit en toi

Mercure, Vénus et Mars

Mercure
le messager des Dieux

J'indique la manière dont tu réfléchis,
tu communiques et tu t'exprimes.

Symbole : ☿
Maîtrise la Maison : III & VI
Maîtrise le signe : Gémeaux
Tour du zodiaque : Environ 3 mois
En Domicile : Gémeaux
En Exaltation : Vierge
En Exil : Sagittaire et Poissons
En Trigonocratie : Balance et Verseau
En chute : Poissons

Mercure Rétrograde

est un phénomène astrologique qui se produit 3/4 fois par an. Il influence les domaines liés à Mercure et semble les retarder, les impacter. Avoir Mercure rétrograde dans ton thème astral, a peu d'effet sur toi lorsque ce phénomène se manifeste. En revanche, il indique que tu es né(e) lors d'une rétrograde de Mercure, ce qui signifie que ta façon de penser, de réfléchir semble complètement en marge de celle des autres.

Le signe dans lequel Mercure se trouve indique comment tu intègres, transmets et communiques une information.

Mercure en	La communication avec toi c'est :
Bélier	Impulsif, rapide, irréfléchi, c'est brut, franc et direct. Difficultés à se concentrer et être focus.
Taureau	Rationnel, raisonné et analysé dans tous les détails. Tu ne parles pas pour ne rien dire.
Gémeaux	Intelligent, fluide, joyeux. Tu es un vrai moulin à paroles et tu sais correctement les utiliser.
Cancer	Sensible, intuitif et doux. Tu es à l'écoute et de bon conseil grâce à ton empathie.
Lion	Solaire. Tu es confiant et extraverti. Tu fédères par ta joie et ta créativité.
Vierge	Méthodique, objectif, réfléchi. Tu analyses et planifies avant de communiquer.
Balance	Attentionné, compatissant et diplomate. Tu cherches à avoir une vue d'ensemble pour être impartial.
Scorpion	Fougueux, honnête et poignant. Tu cherches la petite bête constamment et tu arrives à tes fins.
Sagittaire	Optimiste, positif, ouvert. Ton ouverture d'esprit te permet de communiquer avec sagesse.
Capricorne	Carré, organisé et prévoyant. Il te faut tous les éléments pour avancer.
Verseau	Original, unique et non-conventionnel. Tes idées fusent et ouvrent à une réflexion novatrice.
Poissons	Intuitif, réceptif. Tu prends les choses à coeur : communication et émotions sont étroitement liées.

La maison dans laquelle Mercure se retrouve, est celle où l'information circule le mieux et désigne nos principaux centres d'intérêt.

Maison I : Véritable orateur dans l'âme, tu aimes partager ton point de vue en toutes situations. Tu as la bougeotte et les petits week-ends en vadrouille te font du bien et t'inspirent.

Maison II : Tu t'intéresses à tout ce qui est lucratif et susceptible de te faire gagner de l'argent, par exemple ouvrir une entreprise rentable. Tu penses avec pragmatisme et lucidité.

Maison III : Ta curiosité, tes idées sont constamment en éveil, tu trouves des solutions rapidement, tu écris, parles ou utilises les mots avec facilité. Tes frères et sœurs ont une grande place dans ta vie.

Maison IV : Le foyer est le lieu où tu parviens le mieux à réfléchir, à te recentrer et à stimuler ton esprit. L'avis et l'éclairage intellectuel de tes parents et grands-parents ont une grande influence sur toi et sur ta pensée.

Maison V : Tu es passionné(e) par toutes les activités créatives et ludiques demandant de la réflexion. Tu recherches la stimulation intellectuelle, même dans ta vie sentimentale !

Maison VI : Le travail est au centre de tes préoccupations. Curieux, tu as besoin d'assouvir quotidiennement ton besoin de connaissances et de découvertes.

Maison VII : Les échanges, dans tes partenariats comme dans ton couple, se doivent d'être basés sur des conversations longues, des débats, une communication stimulante.

Maison VIII : Tu aspires à percer les secrets et connaissances des esprits qui t'entourent, à mettre à jour les mystères du monde, de la vie, de la mort, des croyances, les relations intimes.

Maison IX : Tu aimes étudier, accumuler et transmettre les connaissances ; ton intérêt pour les voyages et les cultures diverses suffit à faire de toi un bon pédagogue.

Maison X : Tu exerces un métier ayant trait à la communication écrite ou à l'élaboration de textes. Tu as besoin de te renouveler continuellement dans ta carrière professionnelle.

Maison XI : Une belle facilité à créer le premier contact, tu sais mettre les gens à l'aise. Tu apprécies d'évoluer dans un cercle partageant des croyances communes et inspirantes.

Maison XII : La solitude te ressource. C'est elle qui te permet de trouver des réponses aux mystères de ton âme, de tes rêves et de ta spiritualité. La recherche d'explication de phénomènes paranormaux te stimule.

Vénus

J'incarne la manière dont tu aimes,
tu exprimes tes sentiments,
ce qui te fait craquer en amour et ta séduction

Symbole : ♀

Maîtrise la Maison : II & VII

Maîtrise les signes : Taureau & Balance

Tour du zodiaque : 225 jours

En Domicile : Taureau & Balance

En Exaltation : Poissons

En Exil : Scorpion & Bélier

En Trigonocratie : Gémeaux & Verseau

En chute : Vierge

Vénus Rétrograde

Avoir Vénus qui rétrograde dans son thème astral, met l'amour au centre de ton questionnement. Qu'est-ce que l'amour ? Le premier amour que tu dois découvrir c'est l'amour-propre. Tu dois apprendre à t'aimer pour pouvoir aimer l'autre et expérimenter pour comprendre les différentes facettes de l'amour.

Le signe dans lequel Vénus se trouve indique comment tu vas aimer, séduire et exprimer tes sentiments.
L'amour avec toi c'est :

Vénus en Bélier : Passionnel, fougueux, explosif. Tu cèdes rapidement aux tentations de la séduction. Face au chaos et à l'adversité, l'amour est ton refuge.

Vénus en Taureau : Sensuel et épicurien, tu apprécies tous les plaisirs de la vie et les partages avec ton seul et unique partenaire.

Vénus en Gémeaux : Bavard, intellectuel, éloquent. Tu peux passer des heures à échanger, quel que soit le sujet, tant que la conversation est intéressante et joviale.

Vénus en Cancer : Romantique, sécurisant, charmant. Tu fais de l'amour une priorité et es à la recherche de la perle avec laquelle fonder une famille et créer un cocon douillet.

Vénus en Lion : Une vraie série télé ! Tu en fais des tonnes pour que l'amour que tu donnes ou que tu portes soit digne d'une production cinématographique. Tu es amoureux de l'amour.

Vénus en Vierge : Concret, stable, attentionné. Lorsque tu aimes, tu t'investis totalement et veilles à préserver un amour véritable et parfait. Aucun détail ne doit t'échapper.

Vénus en Balance : Harmonieux, chaleureux, beau. Tu es en quête de l'amour avec un grand A, de cet équilibre idéal, de ta moitié, d'une union sans demi-mesure.

Vénus en Scorpion : Sexy, magnétique, profond. Tu sais être mystérieux, attirant et jouer de tous tes charmes pour maintenir cette attraction entre toi et l'autre.

Vénus en Sagittaire : Enthousiaste, bouillonnant, ouvert. L'amour avec toi c'est l'aventure, un marathon excitant où l'ennui n'existe pas.

Vénus en Capricorne : Authentique, sincère, solide. L'amour se fait prudent jusqu'à ce que tu sois sûr de pouvoir entièrement laisser parler ton cœur.

Vénus en Verseau : Amical, à l'écoute, souple. Tu apprécies de garder une certaine indépendance. Ton partenaire idéal doit aussi être ton meilleur ami pour espérer un avenir durable.

Vénus en Poissons : Émotif, fusionnel, compatissant. Tu vois de l'amour en toute chose, mais plus encore en l'autre, auquel tu t'attaches corps et âme.

La maison dans laquelle Vénus se retrouve, est le domaine de vie où tu prends le plus de plaisir, où tu développes ta manière d'aimer, ton affection et où tu cherches les valeurs importantes dans une relation.

	Ce qui te donne le plus de plaisir	Ton affection se traduit par	La valeur importante dans ta relation
Maison I	Les compliments	Des invitations	Le physique
Maison II	Les cadeaux	Des câlins	L'investissement
Maison III	Les conversations	De longs messages	La communication
Maison IV	Le home staging	De bons repas maison	Le sens de la famille
Maison V	La création Artistique	De la gratitude	Avoir des passions
Maison VI	Le bien-être	De l'attention quotidienne	Le dévouement
Maison VII	L'amour	De l'engagement	L'harmonie
Maison VIII	Le sexe	De la sensualité	La séduction
Maison IX	Les rencontres	De l'intérêt	L'évasion
Maison X	La carrière	De l'admiration	Les projets
Maison XI	La vie sociale	L'amitié	Des concessions
Maison XII	Le voyage Intérieur	De l'empathie	Les croyances

Mars
Dieu de la Guerre

J'incarne ta façon d'agir,
de persévérer, de te dépasser

Symbole : ♂

Maîtrise la Maison : I & VIII

Maîtrise les signes : Bélier & Scorpion

Tour du zodiaque : 687 jours

En Domicile : Bélier & Scorpion

En Exaltation : Capricorne

En Exil : Taureau & Balance

En Trigonocratie : Lion & Sagittaire

En chute : Cancer

Mars Rétrograde

Avoir Mars qui rétrograde dans son thème astral, influe sur ta capacité à passer à l'action. Tu sembles mettre plus de temps que prévu pour agir. Il te faut réfléchir davantage avant de foncer.

Le symbole de Mars associe un cercle et une flèche symbolisant son bouclier et sa lance. Elle est la 3e planète du système solaire, sans compter la Terre.

Le signe dans lequel Mars se trouve, indique comment tu mets la main à la pâte, tu te démènes et tu t'affirmes.

Mars en	Agir avec toi C'est de façon	Ta force	Ta faiblesse
Bélier	Combattive	L'énergie	L'impulsivité
Taureau	Sensée	Le pragmatisme	La distraction
Gémeaux	Réfléchie	La vivacité	La dispersion
Cancer	Sécurisante	La tenacité	L'émotivité
Lion	Déterminée	La persévérance	L'égoïsme
Vierge	Minutieuse	Le contrôle	L'exigeance
Balance	Préventive	La disuasion	La Manipulation
Scorpion	Malicieuse	La ruse	Mensonge
Sagittaire	Astucieuse	L'enthousiasme	Négligence
Capricorne	Stratégique	La fiabilité	L'autorité
Verseau	Originale	L'indépendance	La révolte
Poissons	Secrète	La volonté	Paresse

La maison dans laquelle Mars se retrouve, est le domaine de vie où tu débutes une nouvelle activité, un projet et où tu vas t'investir.

Mars en	Ton investissement dépend	Tu vas mettre le plus d'énergie dans
Maison I	Du challenge	Ta reconnaissance personnelle
Maison II	De la fiabilité	Tes biens matériels
Maison III	De l'apprentissage	Tes relations
Maison IV	Du lieu	Ta sphère familiale et ton foyer
Maison V	De l'imagination	Tes créations artistiques, l'éducation de tes enfants et ta relation
Maison VI	Des tâches	Ta santé
Maison VII	De l'organisation	Tes engagements et tes partenariats
Maison VIII	De tes émotions	Tes transformations et ta vie intime
Maison IX	De ta force physique	Tes découvertes et tes connaissances
Maison X	Du résultat	Ta carrière
Maison XI	Des participants	Ta sphère amicale
Maison XII	De l'ambiance	Ta vie intérieure et ta religion

Ce qui te connecte au monde extérieur

Jupiter et Saturne

Jupiter, le Grand Bénéfique

J'incarne ta capacité à réussir
et le domaine dans lequel tu as le plus de facilité

Symbole : ♃

Maîtrise la Maison : IX & XII

Maîtrise les signes : Sagittaire & Poissons

Tour du zodiaque : 12 ans

En Domicile : Sagittaire & Poissons

En Exaltation : Cancer

En Exil : Gémeaux & Vierge

En Trigonocratie : Bélier, Lion & Scorpion

En chute : Capricorne

Jupiter Rétrograde

Avoir Jupiter qui rétrograde dans son thème astral, te fait douter de ta chance. Persuadé(e) de n'en avoir jamais ou fort peu, tu peux même te convaincre que quelqu'un t'a jeté un sort ou une malédiction. La solution : avoir la foi en ta bonne étoile et lâcher prise sur le hasard qui se joue de toi !

Le symbole de Jupiter ressemble étrangement au chiffre 4 en plus stylisé. Jupiter est la 4e planète du système solaire, sans compter la Terre. C'est surtout la plus grande. Bien positionnée, elle apporte la chance et la gloire.

Le signe dans lequel Jupiter se trouve, indique a manière dont tu t'émancipes, tu évolues et tu as des facilités.

Jupiter en	Tu crées des opportunités grâce à	Ton atout	Ton handicap
Bélier	Ton audace	La confiance en soi	La négligence
Taureau	Ta gentillesse	La générosité	L'avarice
Gémeaux	Ta polyvalence	Touche-à-tout	Le sérieux
Cancer	Ton imagination	La bonté	La gourmandise
Lion	Ton courage	Se joue du ridicule	L'excentricité
Vierge	Ta persevérance	Le réalisme	la maniaquerie
Balance	Ta créativité	Le raffinement	L'indécision
Scorpion	Ton magnétisme	La quête de sens	L'arrogance
Sagittaire	Ton optimisme	La bienveillance	L'intolérance
Capricorne	Ton honnêteté	L'autorité	Le pessimisme
Verseau	Ta compassion	L'authenticité	La subordination
Poissons	Ton intuition	La générosité	Le sacrifice

La maison dans laquelle Jupiter se retrouve, est le domaine de vie où les opportunités se manifestent plus facilement et où tu peux exprimer tes dons.

Jupiter en	Tu crées des opportunités grâce à	Tes dons
Maison I	Tes rencontres	Ton charisme
Maison II	La prospérité	Ta chance en affaires
Maison III	La communication	L'étendue de tes connaissances
Maison IV	Ton foyer	Ton hospitalité
Maison V	Ta joie constante	Ta capacité à relativiser
Maison VI	Ta bonne santé	Ta dévotion
Maison VII	Tes collaborations	Ton impartialité
Maison VIII	Ta résilience	Ta capacité à te recentrer
Maison IX	Ton envie de transmettre	Ton éloquence
Maison X	Tes opportunités professionnelles	Ton leadership
Maison XI	L'élargissement de ton réseau	Ton esprit d'équipe
Maison XII	Ta réceptivité, ton intuition	Ta clairvoyance

Saturne,
le grand Maléfique

J'incarne comment tu te disciplines et te surpasses

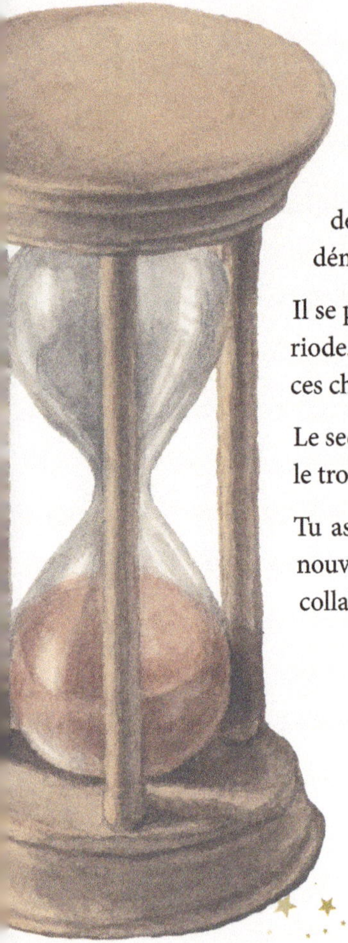

Saturne est une planète, dite «lente». Elle met 27 à 30 ans pour faire le tour complet de ton thème astral. Cela signifie que lorsqu'elle retourne à son point d'origine, elle annonce une période de doute, de remises en question, de volonté d'amélioration et le démarrage d'un nouveau cycle.

Il se peut qu'autour de tes 27/30 ans, tu traverses cette période. Il dépend de toi, à ce moment-là, d'effectuer ou non ces changements.

Le second cycle de Saturne se déroule entre 54 et 58 ans et le troisième cycle entre 87 et 90 ans.

Tu as de nouvelles idées en tête, de nouvelles envies, de nouveaux objectifs, de nouveaux projets avec de nouvelles collaborations pour évoluer.

Symbole : ♄

Maîtrise la Maison : X & XI

Maîtrise les signes : Capricorne & Verseau

Tour du zodiaque : 12 ans

En Domicile : Capricorne & Verseau

En Exaltation : Balance

En Exil : Cancer & Lion

En Trigonocratie : Taureau, Gémeaux & Vierge

En chute : Bélier

Saturne rétrograde

Avoir Saturne qui rétrograde dans son thème astral, te fait défier le temps. Tu te sens souvent en décalage avec les personnes de ton âge. Cette maturité acquise rapidement te pousse à une remise en question parfois plus profonde pour te sentir en phase avec ta génération.

Le symbole de Saturne évoque le chiffre 5 de manière plus stylisée. Saturne étant la 5e planète du système solaire, sans compter la Terre.

Saturne en Bélier a besoin d'entreprendre, de se challenger sur des projets motivants où les récompenses et la reconnaissance sont à la clé.

Saturne en Taureau a besoin d'investir, de placer ses économies dans la pierre, afin de créer une stabilité financière et matérielle.

Saturne en Gémeaux a besoin d'apprendre. Il trouve son bonheur dans les livres, les formations et aspire à transmettre et partager ses connaissances.

Saturne en Cancer a besoin de comprendre ses émotions, d'améliorer son confort et se connecter à son histoire familiale, ses héritages et traditions.

Saturne en Lion a besoin de briller, par son statut, ses amours ou sa créativité. Il trouve beaucoup de motivation lorsqu'il s'agit de ne pas passer inaperçu.

Saturne en Vierge a besoin de se rendre utile, de prendre soin des autres, notamment au travers du soin, de la santé et du bien-être.

Saturne en Balance a besoin de trouver un équilibre, tant dans sa relation de couple qu'avec son entourage. Les engagements se font sur le long terme.

Saturne en Scorpion a besoin de mettre des mots sur ses états d'âme, de rencontrer ses parts d'ombre et ses parts de lumière. L'introspection sera sa meilleure force pour se régénérer.

Saturne en Sagittaire a besoin d'expérimenter. Les rencontres, les voyages, les déplacements lui permettent d'ouvrir son esprit et faire évoluer son mode de vie.

Saturne en Capricorne a besoin de challenges. S'élever dans la société grâce à sa discipline, sa rigueur, sa soif de réussite lui permettra de devenir la meilleure version de lui-même.

Saturne en Verseau a besoin de se différencier. Œuvrer en solitaire pour le collectif est sa mission. Cultiver son individualité pour inspirer les autres fera sa force.

Saturne en Poissons a besoin de rêver. Tous ses souhaits, même les plus grands, doivent garder une part de réalisme afin qu'il ne demeure pas un éternel utopiste.

La maison dans laquelle **Saturne** se retrouve
est le domaine de vie où tu vas tenter de surpasser tes blocages
et persévérer pour t'améliorer.

Saturne en	Limite à surmonter	Le domaine où tu dois t'améliorer
Maison I	Les critiques des autres sur ta personnalité	Tes projets personnels
Maison II	Le manque d'argent	La gestion de tes économies
Maison III	Les commentaires négatifs de tes proches	La communication avec ta fratrie
Maison IV	La distance entre les membres de ta famille	Ton foyer
Maison V	Le manque d'inspiration	Tes relations amoureuses
Maison VI	L'anxiété	Ton bien-être
Maison VII	L'intimité	L'engagement sur le long terme
Maison VIII	Le deuil	Ta vie sexuelle
Maison IX	La tolérance	Tes connaissances
Maison X	L'arrogance	Tes relations paternelles & hierarchiques
Maison XI	Le manque d'organisation	Tes relations amicales
Maison XII	La peur	Ta gestion de la solitude

Ce qui te connecte au monde intérieur

Uranus, Neptune & Pluton

Les Planètes Transsaturniennes

Uranus, Neptune et Pluton sont toutes des planètes découvertes après Saturne et qui nous impactent de manière collective. Elles viennent influencer les énergies de toute une génération, car elles mettent des dizaines d'années pour faire le tour du zodiaque. Elles transforment nos humeurs et nos comportements. Elles révèlent nos différences, nos croyances et nos instincts. Elles sont des forces extérieures de changement.

Uranus

J'incarne ta différence,
ton originalité et ta liberté

Domicile :
Verseau / Maison XI

Tour du zodiaque : 84 ans

Neptune

J'incarne tes croyances,
ton imagination
et ton inconscient

Domicile :
Poissons / Maison XII

Tour du zodiaque : 164 ans

Pluton

J'incarne ta transformation,
tes métamorphoses
et ta conscience

Domicile :
Scorpion / Maison VIII

Tour du zodiaque : 248 ans

	Uranus : tu te différencies par	Neptune : tu te connectes par	Pluton : tu te transformes profondemment en
Bélier ou Maison I	Ton enthousiasme	Ton magnétisme	Utilisant ton pouvoir d'action
Taureau ou Maison II	Ta volonté	Tes dons de guérison	Te sentant ancré
Gémeaux ou Maison III	Ton intelligence	L'écriture intuitive	Changeant de cap
Cancer ou Maison IV	Ton imagination	L'amour du passé	Fondant une famille
Lion ou Maison V	Tes talents artistiques	L'enfant intérieur	Sortant de ta zone de confort
Vierge ou Maison VI	Tes analyses	Les émotions	Maîtrisant tes états d'âme
Balance ou Maison VII	Tes relations amoureuses	La musique	T'engageant dans une relation
Scorpion ou Maison VIII	Tes fantasmes	Le mystique	Vivant au jour le jour
Sagittaire ou Maison IX	Ton amour de la vie	La liberté	T'éveillant spirituellement
Capricorne ou Maison X	Ton ambition	La religion	T'investissant politiquement
Verseau ou Maison XI	Ton excentricité	La clairaudience	Oeuvrant pour le collectif
Poissons ou Maison XII	Tes croyances	La médiumnité	Améliorant le monde

Les axes de ton thème astral

Fond du ciel, Descendant, & Milieu du ciel

Le Fond du Ciel, ce qu'il te faut à la maison

Le point le plus au sud représente le Fond du Ciel, il se trouve entre la Maison III et la Maison IV. Sur certains thèmes, le Fond du Ciel est appelé IC.

Fond du Ciel en Bélier : Être le chef de la maison

Fond du Ciel en Taureau : Une décoration suivant tes goûts

Fond du Ciel en Gémeaux : Une grande bibliothèque remplie de livres

Fond du Ciel en Cancer : Une maison près de la mer

Fond du Ciel en Lion : Des enfants, des œuvres d'art faites par tes soins

Fond du Ciel en Vierge : Des rangements, pour que chaque chose soit à sa place

Fond du Ciel en Balance : De beaux bibelots, des plaids

Fond du Ciel en Scorpion : Un lieu pour méditer

Fond du Ciel en Sagittaire : Un camping-car pour changer de paysage

Fond du Ciel en Capricorne : Des photos de famille

Fond du Ciel en Verseau : Les visites de tes amis et des jeux de société

Fond du Ciel en Poissons : Une décoration holistique et spirituelle

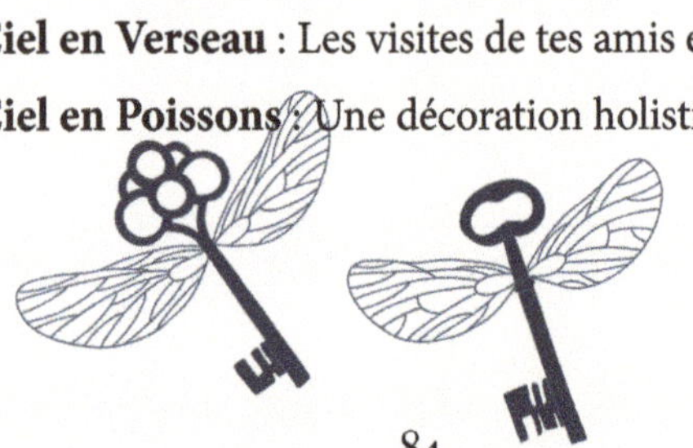

Le Descendant

Ton Descendant, à l'opposé de l'Ascendant, est le point le plus à l'ouest de ton thème, il indique des valeurs que tu cherches ou attends de ton/ta partenaire. Il est également dans le signe opposé de ton Ascendant.

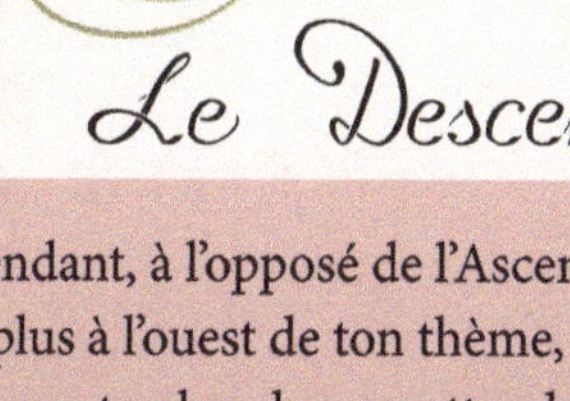

Ascendant	Descendant	Valeurs recherchées chez l'autre
Bélier	Balance	Le charisme, la symbiose et l'harmonie
Taureau	Scorpion	L'investissement, la profondeur des sentiments et la passion
Gémeaux	Sagittaire	L'optimisme, la connexion émotionnelle et spirituelle
Cancer	Capricorne	La fidélité, l'engagement et le mariage
Lion	Verseau	La notoriété, la liberté matérielle et la fréquentation de lieux luxueux
Vierge	Poisson	La sensibilité, l'empathie et les croyances communes
Balance	Bélier	La détermination, l'obstination, la sensualité
Scorpion	Taureau	La stabilité, l'amour de la vie et la gestion des finances
Sagittaire	Gémeaux	La bonne entente, la largeur d'esprit et la fraternité
Capricorne	Cancer	L'esprit de famille, le respect des traditions et la nostalgie
Verseau	Lion	La fierté, la confiance et l'humilité
Poissons	Vierge	L'attention, la vitalité et la meticulosité

Milieu du ciel

Le point le plus au nord du thème astral, est relatif à l'orientation de la carrière, à l'image publique et aux attentes dans la vie professionnelle.

Tu fais quoi dans la vie ?

Est l'une des premières questions que l'on pose à une personne. On aime connaître le métier de notre interlocuteur parce que d'une certaine façon, il définit qui il est.

Lorsqu'on passe plus de 35 heures par semaine dans un lieu où l'on travaille, où l'on fait une activité rentable, il faut que celle-ci nous transcende, nous fasse totalement vibrer.

Et toi, tu aimes ton taf? Tu te sens aligné(e), animé(e) par tes journées, tes missions, ton job ?

Bien entendu, l'Astrologie est un très bon outil pour se procurer quelques clés, quelques pistes et savoir vers quel(s) domaine(s) on est amené à évoluer, à se sentir en adéquation avec soi-même. Tout le thème astral est important, certes, mais tu peux observer en particulier :

- **Ton signe solaire et la Maison dans lequel il tombe** : qui indiquent ta nature profonde ;
- **Ton Ascendant et la position de sa planète** : qui indiquent ton masque social ;
- **Les planètes et le signe Dominant de ta Maison 6** : qui indiquent les besoins dans ta routine, ton bien-être, ton investissement au travail ;
- **Les planètes et le signe Dominant de ta Maison 10** : qui indiquent tes choix de carrière, ta vocation et comment tu te sers de ton image publique ;
- **Tes Nœuds Lunaires** : qui indiquent l'axe vers lequel tu dois évoluer, les valeurs à acquérir dans ta vie.

Milieu du ciel : l'élément principal

Les **signes de Feu** vont préférer des métiers où il y a du challenge et les postes à haute responsabilité. Leur routine doit être fun, dynamique, joviale !

Les **signes de Terre** vont plutôt être dans le concret, le stable, le beau. Ils préféreront des métiers dans lesquels ils pourront avoir une sécurité dans leur quotidien et un revenu plutôt correct.

Les **signes d'Air** ont besoin de communiquer, d'être indépendants et polyvalents à leurs postes. Ils ont toujours de bonnes idées et ont soif d'expériences !

Les **signes d'Eau** aspirent souvent à fusionner avec leur métier. Ils sont sensibles, passionnés et vont investir entièrement leur énergie pour effacer la frontière entre vie personnelle et vie professionnelle.

Milieu du ciel en :

Bélier : Dirigeant, à son compte, en libéral, métiers d'action, de challenges, le marketing, le sport, le commerce

Taureau : Les finances, l'immobilier, l'art, l'agriculture, les métiers manuels, l'esthétique, le jardin, le paysage, la gastronomie, l'architecture

Gémeaux : La communication, la médiation, le tourisme, la publicité, le journalisme, l'écriture, l'enseignement, les ressources humaines

Cancer : Les archives, l'archéologie, l'hôtellerie, la restauration, le social, la photographie, la décoration d'intérieur

Lion : Les postes de dirigeant, les arts, l'enfance, la mode, le libéral, le commerce du luxe, la télévision, l'armée, l'esthétique

Vierge : La médecine, le bien-être, la santé, les sciences, les services à la personne, le paramédical

Balance : Le droit, le notariat, la justice, l'esthétique, les arts, l'Administration, le secrétariat

Scorpion : La psychologie, la sexualité, la recherche, les métiers du funéraire, le développement personnel, l'hypnothérapie

Sagittaire : Le tourisme, l'enseignement, l'hôtellerie, la cuisine, l'histoire, la géographie, le social, l'animation

Capricorne : L'immobilier, la comptabilité, les finances, la gériatrie, les sciences, l'agriculture, la recherche

Verseau : L'humanitaire, la justice, l'écologie, la science, l'aéronautique, le tourisme, la publicité, l'enseignement, la technologie, l'auto-entrepreneuriat

Poissons : L'art sous toutes ses formes, la psychologie, le paramédical, les métiers de service, les sciences occultes

L'Astrologie karmique

L'Astrologie karmique est l'une des branches de l'astrologie. Elle permet d'étudier des points fictifs qui se trouvent dans le thème astral et qui éclairent sur l'impact de nos vies antérieures sur notre incarnation actuelle. Ceux-ci pointent également les différents chemins de nos vies, les domaines sur lesquels on doit travailler pour être « bien dans nos baskets » dans cette vie, et les épreuves que l'on doit affronter pour notre évolution.

Grâce à ces points fictifs, nous pouvons comprendre les blessures et les dons avec lesquels nous nous incarnons : c'est notre karma.

L'Astrologie karmique met en lumière le sens de notre vie et de notre présence sur Terre. Elle ne fait qu'approfondir le travail déjà effectué en amont avec la lecture des étoiles.

Ce que ton karma te transmet

Nœuds Lunaires

☊

Nœud Nord

J'incarne la voie à suivre par ton âme
pour évoluer dans cette vie

Le Nœud Nord & le Nœud Sud sont deux points fictifs à l'opposé l'un de l'autre. C'est une droite qui relie les vies antérieures à la vie actuelle. Cette ligne imaginaire est également appelée « l'Axe du Dragon ».

De mon point de vue, c'est la partie la plus importante du thème astral. Elle te donne la direction vers laquelle ton âme doit aller pour vibrer complètement dans cette vie, dans cette incarnation. Lorsque tu te trouves sur cet axe, tu peux alors considérer que tu es parfaitement aligné(e) à ton chemin de vie. Tout semble simple, vibrant, limpide, inspirant. C'est là que tu te sens à ta place.

Cet axe part du Nœud Sud, l'héritage de ton karma, de tes vies antérieures jusqu'au Nœud Nord, la voie vers laquelle tu dois aller pour que ton âme vibre dans ton incarnation. Il est important de gérer tes deux Nœuds et de trouver l'équilibre. L'un désigne les connaissances et les qualités acquises précédemment et l'autre montre comment les utiliser. (À noter : le symbole du Nœud Sud est rarement mis sur les thèmes astraux).

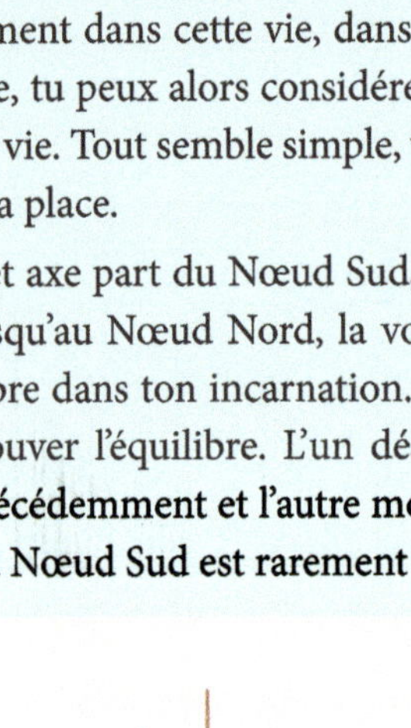

☋

Nœud Sud

J'incarne les dons, les bagages,
et les facultés innées apportées de tes
vies antérieures

Nœud Nord en Bélier ou Nœud Nord en Maison I :

Axe tourné vers les relations

Le Nœud Sud en Balance t'a demandé de vivre pour le couple ou de faire régner celui-ci dans l'harmonie. Il a été ta priorité et t'a laissé la trace d'une union au centre de ta vie. Tu t'es restreint(e), contrôlé(e) pour être conforme à l'attente de ton/ta partenaire.

Le Nœud Nord en Bélier te demande te ne pas t'oublier et de t'ouvrir aux autres. De penser à t'épanouir seul(e) dans tes projets, de mettre tes choix avant tout, d'apprendre à t'aimer sincèrement et de cultiver ta façon de voir les relations.

Conseils : Lâcher prise - Préserver sa vie sociale et ses projets personnels - Cultiver son image, ses envies et sa réussite personnelle

Nœud Nord en Taureau ou Nœud Nord en Maison II :

Axe tourné vers la paix intérieure

Le Nœud Sud en Scorpion évoque une vie antérieure empreinte de mort, de guerre, de maladie, de tensions fortes et de manque de sécurité. Il est probable que tu aies dû te battre corps et âme pour survivre.

Le Nœud Nord en Taureau te demande de revenir à l'essentiel, au calme et à la sérénité. Il faut que tu prennes le temps, que tu t'investisses dans la matière de manière concrète. Ta gestion de l'argent aura une importance capitale dans cette incarnation.

Conseils : Bien-être - Sérénité - Retour à soi - Créer sa vie autour de la sécurité, de ce qui est concret et qui apporte du plaisir

Nœud Nord en Gémeaux ou Nœud Nord en Maison III :

Axe tourné vers la transmission

Le Nœud Sud en Sagittaire évoque une vie remplie de voyages, de terres étrangères, de recherche d'horizons nouveaux. Un accès privilégié à la connaissance et à la culture t'était possible.

Le Nœud Nord en Gémeaux t'invite aujourd'hui à te concentrer sur ce qui est le plus important, sur tes proches, tes racines, ton héritage, d'où tu viens. Le partage de ton savoir à ton environnement proche t'aidera à trouver ton équilibre.

Conseils : Légèreté - Transmission - Simplicité - Prendre la vie avec plus de douceur

Nœud Nord en Cancer ou Nœud Nord en Maison IV :

Axe tourné vers les émotions

Le Nœud Sud en Capricorne t'a demandé de te détourner entièrement de tes ressentis et de te concentrer sur le travail plus que sur la famille afin d'être complètement efficace.

Le Nœud Nord en Cancer souhaite, quant à lui, que tes émotions soient au cœur même de ton quotidien. Exprime ce qu'il y a au fond de toi sans jugement, écoute ton enfant intérieur ainsi que tes envies.

Conseils : Sentiments - Famille - Foyer - Écouter de ce qu'il y a au fond de soi et prioriser sa vie familiale

Nœud Nord en Lion ou Nœud Nord en Maison V :
Axe tourné vers le cœur

Le Nœud Sud en Verseau t'a demandé un investissement considérable pour une cause. Celle-ci a pris tant d'importance, qu'elle t'a fait négliger tes propres besoins au profit de ceux du groupe.

Le Nœud Nord en Lion t'invite, lui, à te concentrer sur tes passions, sur ce qui émane de ton cœur, sur ce qui t'anime purement. Ta créativité est mise en avant sur tous les plans, personnels comme professionnel et la réussite dans ta vie amoureuse te permet de t'aligner également.

Conseils : Expression artistique - Relation amoureuse- Égoïsme - Fais briller ce qui dort en toi

Nœud Nord en Vierge ou Nœud Nord en Maison VI :
Axe tourné vers la matière

Le Nœud Sud en Poissons t'a connecté à ta foi et à tes croyances religieuses et spirituelles. Celles-ci ont pu s'avérer néfastes dans ta vie antérieure. Entre les rêves et la réalité, le pont pouvait être vertigineux.

Le Nœud Nord en Vierge t'intègre complètement dans la matière et t'invite à mettre du concret dans tes espoirs, dans ton imaginaire ou même dans tes désirs. L'importance se fait dans ce qui est rationnel, vrai.

Conseils : Pragmatisme - Projets - Utilité - Transformer ses pensées dans la matière

Nœud Nord en Balance ou Nœud Nord en Maison VII :

Axe tourné vers l'engagement

Le Nœud Sud en Bélier évoque une vie tournée vers la patrie, l'action ou le courage. Il se peut que l'agressivité, le pessimisme ou l'injustice aient fortement pris racine en toi.

Le Nœud Nord en Balance a besoin que tu fasses confiance à autrui, que tu progresses dans des engagements de cœur, dans des relations qui font sens, que tu écoutes tes sentiments et tes besoins émotionnels.

Conseils : Contrats - Ensemble - But commun - L'union fait la force

Nœud Nord en Scorpion ou Nœud Nord en Maison VIII :

Axe tourné vers l'introspection

Le Nœud Sud en Taureau a su mettre l'accent sur une sécurité tant financière que matérielle. La vie semblait paisible, calme et en un lieu où tout coulait de source.

Le Nœud Nord en Scorpion évoque encore l'argent, mais de manière moins intense. Il invite à explorer tes instincts, tes forces intérieures, tes peurs profondes. Un rapport particulier avec la mort, le deuil, l'héritage familial est aussi évoqué.

Conseils : Méditation - Renaissance - Transformation - Accueillir les événements comme des changements importants dans son évolution personnelle et spirituelle

Nœud Nord en Sagittaire ou Nœud Nord en Maison IX :

Axe tourné vers le savoir

Le Nœud Sud en Gémeaux évoque une vie courte ou un esprit juvénile et amical. Les connaissances acquises sont restées restreintes, logiques et conventionnelles.

Le Nœud Nord en Sagittaire te pousse à explorer le monde, à parfaire tes connaissances, à t'ouvrir complètement à d'autres horizons. Un fort besoin d'expansion et d'émancipation personnelles est à l'honneur.

Conseils : Exploration - réussite - voyages - déconnecte-toi de ce que tu connais, sors de ta zone de confort et cultives ta propre philosophie de vie

Nœud Nord en Capricorne ou Nœud Nord en Maison X :

Axe tourné vers la réussite

Le Nœud Sud en Cancer a positionné ta famille au centre de ta vie. Les liens du sang ont pris beaucoup de place dans ton ancienne vie, mêlant émotions et obligations familiales.

Le Nœud Nord en Capricorne t'aide à évoluer sur le plan social. Avec la discipline, la rigueur et la motivation, tu graviras les échelons de façon spectaculaire.

Conseils : Travail - Succès - Persévérance - Ta carrière est ta plus grande fierté

Nœud Nord en Verseau ou Nœud Nord en Maison XI :

Axe tourné vers l'originalité

Le Nœud Sud en Lion désigne un rayonnement, tant intérieur que social. Ta place était en pleine lumière, en haut du podium. La gloire et l'orgueil nimbaient ton quotidien.

Le Nœud Nord en Verseau te souffle quant à lui de te différencier par tout moyen. Tu as cette soif d'œuvrer bien et d'œuvrer grand pour rendre le monde meilleur.

Conseils : Association - Vie sociale - Esprit visionnaire - « Changer les hommes, changer le monde avec des bouquets de fleurs »

Nœud Nord en Poissons ou Nœud Nord en Maison XII :

Axe tourné vers les croyances

Le Nœud Sud en Vierge t'a mis au service des autres, de leur santé, de leur bien-être. Tu as donné de ta personne en te sacrifiant, sans pour autant avoir reçu la reconnaissance et la gratitude attendue.

Le Nœud Nord en Poissons t'oblige à suivre tes rêves, tes convictions, à faire confiance au destin et à l'Univers. Tu te dois de prendre soin de ta santé physique, émotionnelle, mentale et spirituelle.

Conseils : Évasion - Foi - Paix - Laisse-toi guider par tes voix intérieures, elles te mèneront vers le bonheur

> Si des planètes ou astéroïdes se situent très proches de l'Axe du dragon, alors celles-ci ont une importance particulière et donnent des directives supplémentaires au chemin de vie.

Les chemins de ton incarnation

Lilith, Chiron, Cérès, Junon, Vesta, Part de fortune

Lilith, la Lune Noire

J'incarne tes parts d'ombre,
ton jardin secret et tes tentations

Lilith en Bélier ou en Maison I :

La part d'ombre : Besoin de s'affirmer, quitte à écraser les autres sur son passage

Défauts : Égocentrisme, frustration, domination, angoisses extrêmes

Travail à faire : canaliser ses émotions, sa nervosité, respecter les autres, exprimer sa créativité et ses dons de magnétisme

Lilith en Taureau ou en Maison II :

La part d'ombre : La sécurité intérieure passe par l'accumulation de biens matériels

Défauts : Possessif(ve), dépensier(ère), peur de manquer, entêté(e)

Travail à faire : Faire la transition d'une vie matérielle à une vie plus légère, spirituelle et humaine

Lilith en Gémeaux ou en Maison III :

La part d'ombre : Besoin constant de plaire aux autres pour ne pas se sentir rejeté(e)

Défauts : Indécision, imposture, conformisme

Travail à faire : Cultiver sa propre personnalité, son langage d'expression, sans se soucier de l'avis/la vie des autres

Lilith en Cancer ou en Maison IV :

La part d'ombre : Peur d'être abandonné, incompris par ses proches, sa famille de sang ou de cœur, problématique du schéma familial

Défauts : Soumission, dépendance affective, oppression

Travail à faire : Trouver sa place dans son clan de façon indépendante, reprendre confiance en soi et créer ses propres convictions familiales

Lilith en Lion ou en Maison V :

La part d'ombre : Besoin d'être le centre du monde

Défauts : Surestimation, arrogance, compétition

Travail à faire : Accepter que la valeur du cœur est plus importante que celle du pouvoir, avoir de la considération et de l'estime pour autrui, travailler sur son enfant intérieur avant tout

Lilith en Vierge ou en Maison VI :

La part d'ombre : Besoin de critiquer tout ce qui n'est pas parfait

Défauts : Perfectionniste, pessimiste, borné

Travail à faire : Lâcher-prise vis-à-vis du quotidien, faire confiance et ne pas passer son temps au travail

Lilith en Balance ou en Maison VII :

La part d'ombre : Besoin de juger les autres, de donner son avis sur tout, dépendance excessive à l'égard de son partenaire

Défauts : Intolérance, lunatisme, insatisfaction

Travail à faire : Préserver son individualité dans le couple, choisir des relations sur la durée l'harmonie et la communication

Lilith en Scorpion ou en Maison VIII :

La part d'ombre : Jouer avec la mort, la sexualité, les jeux d'argent

Défauts : Hallucinations, impulsivité, autodestruction

Travail à faire : Se plonger dans son inconscient grâce à l'hypnose ou la psychologie, prendre chaque épreuve de la vie de manière positive et en tirer des leçons pour aider les autres dans leur noirceur

Lilith en Sagittaire ou en Maison IX :

La part d'ombre : Besoin de s'immiscer de façon intrusive dans la vie des autres, en passant par les sujets tabous et les questions existentielles

Défauts : Curiosité, révolte, méfiance, jugement hatif

Travail à faire : Sortir de sa zone de confort pour ouvrir son esprit, dépasser ses idées reçues et développer des qualités de tolérance humaines

Lilith en Capricorne ou en Maison X :

La part d'ombre : Aucune ambition professionnelle ou sociale

Défauts : Sédentaire, las, rigide

Travail à faire : Développement personnel, introspection pour trouver sa propre voie, et mener sa barque sans contrainte

Lilith en Verseau ou en Maison XI :

La part d'ombre : Besoin de se rebeller en toute circonstance

Défauts : Anticonformiste, égoïste, superficiel

Travail à faire : Renouer avec la nature humaine, les projets collectifs, la vie sociale et le monde qui t'entoure

Lilith en Poissons ou en Maison XII :

La part d'ombre : Se renferme dans un monde imaginaire où les questions existentielles tournent à l'obsession

Défauts : Angoisses, enfermement, sacrifice

Travail à faire : Aller au bout de ses rêves grâce à la persévérance et la discipline, et faire confiance à ses intuitions

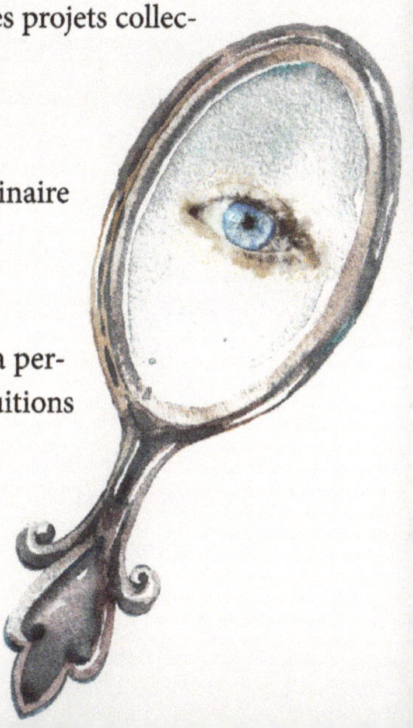

Chiron, la Blessure d'âme

Dans la mythologie grecque, Chiron est un centaure, mi-homme, mi-cheval. Il est le fils de Cronos (Saturne) et d'une nymphe. Contrairement à d'autres créatures, il est très intelligent et doué dans de nombreux domaines, telles la médecine, la musique ou la divination. Après avoir été empoisonné par une flèche, il se trouve blessé et demande aux Dieux de l'Olympe de lui accorder la mort.

Zeus, touché par cet acte, nomma une constellation « Centaure », en sa mémoire.

En Astrologie, Chiron est un astéroïde découvert dans les années 70. Il s'inscrit également dans le thème astral sous la forme d'une clé.

Dans l'Astrologie karmique, Chiron évoque notre blessure la plus profonde, celle de notre âme. C'est pourquoi comprendre sa position nous apprend comment guérir cette blessure et quels domaines vont nous aider à nous élever à un niveau supérieur de conscience.

Chiron en Bélier ou en Maison I

Les blessures : Tu manques de confiance en toi et tu as une mauvaise estime de toi. Tu te sens bloqué ou tu as été bloqué dans l'expression de ta personnalité.

Comment guérir : Te réaliser seul(e), écouter ta voix intérieure pour t'affirmer, être moins dans l'ego.

Chiron en Taureau ou en Maison II

Les blessures : Tu manques d'amour, de sécurité et tu as eu le sentiment de ne pas recevoir « assez ». Tu ne réalises pas ta valeur et tu ne cesses de te comparer aux autres.

Comment guérir : Te détacher du matériel, du financier et reprendre confiance en tes capacités intérieures.

Chiron en Gémeaux ou en Maison III

Les blessures : Tu as des difficultés à t'exprimer, à communiquer ce que tu ressens que tu manques de connaissances, de bases linguistiques.

Comment guérir : Tes pensées doivent plus nourries, tes idées et ta curiosité également, lire peut t'aider.

Chiron en Cancer ou en Maison IV

Les blessures : Tu es trop sensible, tu ne te sens pas à ta place dans ta famille, ce qui te fait te sentir aussi très seul(e) et différent(e) de ton clan.

Comment guérir : Te sentir fort(e) grâce à cette sensibilité, écouter tes besoins et te détacher de tes racines.

Chiron en Lion ou en Maison V

Les blessures : Tu as du mal à faire preuve de créativité, à retranscrire ce qui vibre au fond de toi et tu te sens parfois bloqué(e) dans toutes tes créations.

Comment guérir : Se retrouver avec son enfant intérieur, s'épanouir à travers l'art sans se soucier des regards.

Chiron en Vierge ou en Maison VI

Les blessures : Tu as des difficultés à lâcher prise, tu es perfectionniste et tu as besoin de tout contrôler dans tous les domaines de ta vie.

Comment guérir : Surpasser tes angoisses et ton anxiété liées au contrôle en t'organisant avec légèreté.

Chiron en Balance ou en Maison VII

Les blessures : Tu n'as pas eu l'impression d'être aimé pour ce que tu es vraiment et tu as dû parfois t'effacer pour rentrer dans le moule.

Comment guérir : T'exprimer dans tes relations, penser à toi et t'individualiser de ton couple pour trouver ton équilibre.

Chiron en Scorpion ou en Maison VIII

Les blessures : Tu te sens seul, abandonné, méfiant de tout le monde et tu as une impression d'incomplétude.

Comment guérir : Laisser ta sensibilité au service de tes parts d'ombre et de lumière, cultiver l'optimisme.

Chiron en Sagittaire ou en Maison IX

Les blessures : Tu as été bridé dans ton expression, tes croyances, ta propre vision de la vie et des cultures étrangères t'intéressent tant.

Comment guérir : T'ouvrir au monde et à la spiritualité, voyager, rencontrer, adopter une philosophie de vie.

Chiron en Capricorne ou en Maison X

Les blessures : Tu n'as pas pu prendre de décision en phase avec tes envies et tes choix, tu as suivi une voie inintéressante et tu t'es senti(e) dévalorisé(e).

Comment guérir : T'accomplir professionnellement, aller au bout de tes projets, déléguer, revoir tes priorités.

Chiron en Verseau ou en Maison XI

Les blessures : Tu as été rabaissé(e) du fait de tes singularités dans un groupe tu as beaucoup de mal à t'intégrer comme à te faire entendre.

Comment guérir : Cultiver ton originalité, t'investir dans des projets humanitaires et cultiver l'esprit d'équipe.

Chiron en Poissons ou en Maison XII

Les blessures : Tu as manqué de réalisme, tu navigues dans un monde imaginaire fait de rêves et d'émotions où tu t'enfermes régulièrement.

Comment guérir : Être dans l'empathie, la compassion et faire la différence entre le rêve et la réalité.

Junon

J'incarne ton engagement profond dans une relation sur le long terme

Junon en	Bases d'une relation	À éviter
Bélier ou Maison I	Confiance, indépendance, passion	Scène de ménage en public
Taureau ou Maison II	Stabilité, sérénité, routine	Sauver les apparences
Gémeaux ou Maison III	Intelligence, sociabilité, communication	Manque d'ouverture d'esprit
Cancer ou Maison IV	Partage des émotions, envie de mariage	Nostalgie du passé
Lion ou Maison V	Fierté, sensualité, charisme	Négligence des sentiments
Vierge ou Maison VI	Petites attentions, romantisme, équilibre	Remarques négatives sur la manière de vivre
Balance ou Maison VII	Preuves d'amour, activité en commun	Manque de franchise et injustice
Scorpion ou Maison VIII	Connexion d'âme à âme, profondeur	Domination et infidélité
Sagittaire ou Maison IX	Liberté, valeurs similaires, voyage	Difficultés à s'engager
Capricorne ou Maison X	Fiabilité, sagesse, engagement	Manque de maturité
Verseau ou Maison XI	Originalité, idées politiques partagées	Distance physiqu e et émotionnelle
Poissons ou Maison XII	Connexion psychique et spirituelle	Rationalité et apathie

Cérès

J'incarne ce qui nourrit ton âme, ce qui nourrit ton corps et ce que tu sèmes en prenant soin profondément des autres

Cérès en	Ce qui nourrit ton âme	Tu soignes l'autre par
Bélier	L'indépendance	La protection
Taureau	Le confort	L'amour
Gémeaux	La communication	L'écoute
Cancer	La maternité	L'attachement
Lion	L'extériorisation	La générosité
Vierge	La dévotion	La rigueur
Balance	La paix	Le bien-être
Scorpion	L'introspection	La guérison intérieure
Sagittaire	Le voyage	L'ouverture d'esprit
Capricorne	La stabilité	L'engagement
Verseau	L'union	Ta considération
Poissons	La spiritualité	La compassion

Le symbole de Cérès rappelle les outils de récolte agricole utilisés dans les champs.

Cérès en	Prendre soin de ton âme passe par
Maison I	Aider les autres et cultiver ton identité
Maison II	La bonne nourriture et les acquisitions
Maison III	Les échanges avec tes proches et l'écriture
Maison IV	Être à la maison et passer du temps en famille
Maison V	Créer, bricoler et faire des activités ludiques
Maison VI	Te rendre utile et soigner ta santé
Maison VII	Être avec ton/ta partenaire et partager une activité
Maison VIII	Conseiller autrui grâce à ton expérience et méditer
Maison IX	Découvrir de nouveaux lieux et faire des rencontres
Maison X	De nouveaux projets professionnels et des améliorations dans ton travail
Maison XI	Le bénévolat, les causes humanitaires et du temps passé entre amis
Maison XII	L'éveil spirituel, les recherches autour des croyances

Vesta

J'exprime le feu sacré, l'essence,
la passion qui te fait vibrer

Vesta en	Ce qui est sacré à tes yeux
Bélier ou Maison I	La sincérité, la réalisation de projets personnels et l'identité
Taureau ou Maison II	La sécurité, la sensualité et les ressources financières
Gémeaux ou Maison III	La connaissance, l'écriture et l'expression
Cancer ou Maison IV	Les traditions, les racines et le lieu de vie
Lion ou Maison V	La créativité, la passion et l'amour
Vierge ou Maison VI	La santé, l'ordre et les habitudes
Balance ou Maison VII	La beauté, l'équilibre et les engagements
Scorpion ou Maison VIII	La guérison, les cycles de vie et les expériences
Sagittaire ou Maison IX	L'aventure, la quête spirituelle et la culture
Capricorne ou Maison X	La rigueur, les réussites et l'évolution
Verseau ou Maison XI	Les causes collectives, les changements et les mouvements visionnaires
Poissons ou Maison XII	La médiation, la foi et l'art

Part de Fortune

J'indique le domaine où ton âme est le plus
connectée à son environnement

Part de Fortune en Bélier : Devenir le capitaine de sa propre vie à l'aide de prises d'initiatives, de challenges, de projets indépendants et autonomes. Ta personnalité doit être au centre de ton développement.

Part de Fortune en Taureau : Se stabiliser, se construire, s'enraciner dans des valeurs harmonieuses de créativité et de bien-être en écoutant son cœur et en y mettant une intention profonde.

Part de Fortune en Gémeaux : L'éveil, l'ouverture d'esprit, l'enrichissement intellectuel sont les clefs de ton épanouissement. Développer ton regard sur le monde est ta priorité.

Part de Fortune en Cancer : Ton cocon familial est ton refuge. Tu dois tout mettre en œuvre pour t'y sentir bien, en laissant l'amour, les émotions et l'imagination s'exprimer.

Part de Fortune en Lion : Te dépasser, devenir une personne influente grâce à tes idées créatives pourrait contribuer à ton épanouissement. Prendre constamment la vie du bon côté t'aidera à briller.

Part de Fortune en Vierge : Te rendre utile aux autres en toute simplicité et approfondir tes dons et ton empathie t'apportera de la satisfaction. Vivre le moment présent sans penser aux aspects négatifs est ton objectif.

Part de Fortune en Balance : Les relations, quelles qu'elles soient, doivent demeurer harmonieuses, équilibrées et saines pour que tu puisses te sentir en paix. Évoluer dans un environnement stable t'apaise.

Part de Fortune en Scorpion : Véritable phœnix intérieur, ta capacité à chercher en toi la force et le courage d'affronter chacune des étapes de ta vie, positive ou non, t'aide à ouvrir ton esprit et à développer tes dons.

Part de Fortune en Sagittaire : Cultiver cette soif de découvertes, de voyages, de compréhension de la nature humaine, ses cultures et traditions diverses te mènera à adopter une philosophie bienveillante.

Part de Fortune en Capricorne : Pour approcher au mieux cette paix intérieure que tu recherches, tu devras faire preuve de patience et d'optimisme en toute circonstance. Laisse le temps au temps.

Part de Fortune en Verseau : Acteur/actrice d'un monde meilleur, c'est grâce à ton originalité, à ton esprit visionnaire, à ta liberté d'esprit que tu pourras te sentir au plus proche de l'action.

Part de Fortune en Poissons :L'introspection te permettra de visualiser tes idées créatives, de développer tes capacités intuitives, spirituelles et d'améliorer la gestion de tes émotions, de ton empathie et de ta compassion.

Part de fortune en	Ta plus grande réussite dépend de	Tu dois éviter
Maison I	Ta capacité à t'autosuffire	La comparaison
Maison II	Ton estime de toi	L'attachement au matériel
Maison III	Ton expression	Le jugement
Maison IV	Tes racines, ton enracinement	Les personnes toxiques
Maison V	Tes créations personnelles	La rumination
Maison VI	Ta discipline	La sédentarité
Maison VII	Tes relations	Les conflits
Maison VIII	Ta gestion	L'encombrement
Maison IX	Ta liberté	L'intolérance
Maison X	Tes ambitions	L'immaturité
Maison XI	Tes engagements	L'enfermement
Maison XII	Ta solitude	L'oppression

Les signes des Maisons

Les informations supplémentaires

Lorsque mon travail est terminé avec l'analyse des planètes de l'astrologie traditionnelle, des points fictifs et les astéroïdes de l'astrologie karmique, j'observe les signes dominants des Maisons ; ceux-ci m'aident à avoir des informations supplémentaires, mais non indispensables, concernant le domaine de vie. Car si aucun astre ne se situe dans une Maison, on peut en conclure que le domaine a moins d'importance dans la vie de l'intéressé(e).

La Maison I

représente l'Ascendant
(voir le chapitre concerné)

La Maison II

intègre les possessions matérielles, le rapport à l'argent, les économies, l'investissement dans une relation et l'estime de soi.

Maison II en Bélier :

Source de revenus : Auto-entrepreneuriat, profession libérale ou artistique

Côté positif : Détermination pour les projets personnels

Côté négatif : Manque de motivation si les projets ne sont pas à la hauteur

Maison II en Taureau :

Source de revenus : Job stable, les finances sont très bien gérées

Côté positif : Dons artistiques ou carrière dans l'immobilier

Côté négatif : Peur de sortir de sa zone de confort et de son cocon

Maison II en Gémeaux :

Source de revenus : Diverses entreprises ou activités en lien avec la communication

Côté positif : Capacité à travailler avec ses frères et sœurs

Côté négatif : Les finances sont fluctuantes

Maison II en Cancer :

Source de revenus : Affaire familiale, en rapport avec la famille, l'héritage ou métier en relation avec l'eau et la mer

Côté positif : Fidèle aux traditions

Côté négatif : Les dépenses se font selon l'humeur

Maison II en Lion :

Source de revenus : Art ou éducation, il faudra bien gagner sa vie

Côté positif : Sensibilité au beau, au luxe

Côté négatif : Tendance à vivre au-dessus de ses moyens

Maison II en Vierge :

Source de revenus : Petits jobs par-ci par-là en plus d'un travail principal

Côté positif : Capacité à bien gérer son argent

Côté négatif : L'argent est source d'angoisse, peur de manquer

Maison II en Balance :

Source de revenus : L'art, l'esthétique, le luxe, le droit, la justice

Côté positif : Dépenses visant à acquérir des objets qualitatifs

Côté négatif : Achats parfois extravagants, voire exorbitants

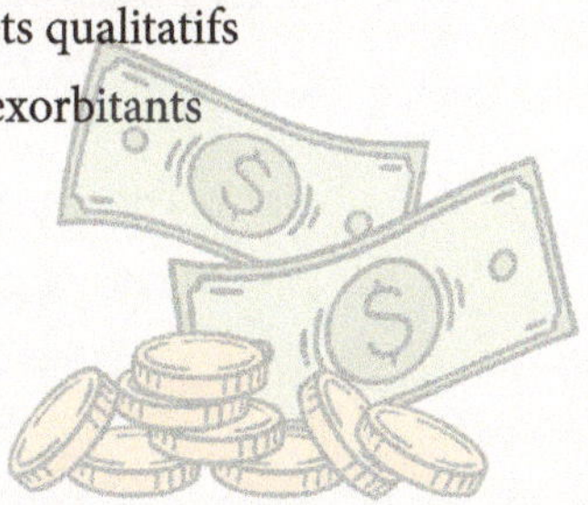

Maison II en Scorpion :

Source de revenus : Un héritage important, une carrière dans la médecine, la comptabilité, la vente ou en lien à la mort

Côté positif : Bonne analyse avant de faire des dépenses importantes

Côté négatif : Franchise au travail qui peut déranger

Maison II en Sagittaire :

Source de revenus : L'enseignement, les voyages, la culture, les langues étrangères

Côté positif : Antimatérialisme

Côté négatif : Manque de sérieux si l'intérêt n'est pas suscité

Maison II en Capricorne :

Source de revenus : La politique, être chef(fe) d'entreprise

Côté positif : Le travail, l'ambition matérielle sont au premier plan

Côté négatif : Intolérance ou arrogance envers ceux qui négligent leurs biens ou manquent d'ambition

Maison II en Verseau :

Source de revenus : L'humanitaire, l'associatif, l'écologie, ou l'environnement, un emploi qui place la Terre ou l'humain au centre

Côté positif : Besoin de s'entourer d'objets insolites ou inattendus

Côté négatif : Exigence dans les dépenses

Maison II en Poissons :

Source de revenus : La musique, le sport, la spiritualité, l'occulte ou la voyance

Côté positif : Les dons personnels sont mis au service des revenus

Côté négatif : Mauvaise gestion des finances

La Maison III

intègre la communication sous toutes ses formes, les rapports avec les frères et sœurs, ainsi que les déplacements réguliers.

Maison III en Bélier

Aspire à : s'exprimer de façon extravertie, bavarder, mais avoir parfois les mots qui dépassent la pensée. Grand besoin de se différencier de sa fratrie, où chaque membre souhaite faire entendre sa voix et trouver sa place.

Maison III en Taureau

Aspire à : s'exprimer de façon concrète, harmonieuse, penser de manière rationnelle et terre à terre. Les dons artistiques permettent d'extérioriser les émotions et les forces intérieures.

Maison III en Gémeaux

Aspire à : s'exprimer de façon éparpillée. Les idées fusent constamment. L'envie de partager ses opinions avec ses frères et sœurs est fréquente.

Maison III en Cancer

Aspire à : s'exprimer avec sensibilité et de manière imagée. La famille est vue comme un clan qu'il faut protéger à tout prix. De sa fréquentation dépend l'équilibre émotionnel. Imagination fertile.

Maison III en Lion

Aspire à : s'exprimer de façon pétillante et directive. Grand besoin de briller au sein de la fratrie (par l'art) ou devant des amis choisis selon des critères bien spécifiques.

Maison III en Vierge

Aspire à : s'exprimer de façon méthodique et analytique. La pensée est construite et organisée avant d'être dirigée vers l'extérieur. Il se peut que l'on fasse passer les besoins de ses frères et sœurs avant les siens.

Maison III en Balance

Aspire à : s'exprimer de façon sympathique, pratique. Les échanges avec la fratrie sont maintenus, peu importe la nature des relations.

Maison III en Scorpion

Aspire à : s'exprimer de façon diplomate, franche. Difficulté à s'écouter parfois, mais une remise en question constante peut engendrer de grandes réflexions.

Maison III en Sagittaire

Aspire à : s'exprimer de façon positive, optimiste. Tout devient source de recherches, de connaissances. Grandes facilités dans les langues étrangères.

Maison III en Capricorne

Aspire à : s'exprimer de façon concrète. On se sent très seul auprès des siens, mais cette solitude est choisie et fait office de bouclier.

Maison III en Verseau

Aspire à : s'exprimer de façon authentique et originale. La fratrie est considérée comme un cercle amical de plus, où chacun se distingue par sa personnalité.

Maison III en Poissons

Aspire à : s'exprimer de façon affectueuse et avec compassion. Grande capacité à ressentir les émotions des proches et les ambiances de la maison. Ces vives intuitions permettent de donner de l'amour et de relativiser.

La Maison IV

On y retrouve également le Fond du Ciel (voir le chapitre concerné). Elle donne des informations sur le lieu de vie, la famille, le rapport au père ou à la figure paternelle, ainsi que sur les conditions éventuelles de fin de vie.

Maison IV en Bélier :

Besoin de changer continuellement de routine au foyer. Figure paternelle très présente et autoritaire.

En fin de vie : Les projets se multiplient

Maison IV en Taureau :

La recherche du foyer parfait s'avère une quête des plus importantes. Le père se voit doux, protecteur, offrant en tout point une image de stabilité.

En fin de vie : Choix de vivre à la campagne, en un lieu connu ou dont on a hérité.

Maison IV en Gémeaux :

Les déménagements rythment la vie et le choix du lieu de vie varie selon les inspirations. Il y a probablement plusieurs figures paternelles durant la vie (remariage, décès…).

En fin de vie : De petits déplacements libèrent l'esprit.

Maison IV en Cancer :

Les traditions familiales sont perpétuées au sein du foyer. La figure paternelle s'avère peu importante, la mère prend plus de place.

En fin de vie : Grande proximité de l'entourage ou cohabitation dans la maison familiale.

Maison IV en Lion :

Le lieu de vie permet d'exprimer ses émotions et de laisser cours à son imagination et à sa créativité. Avoir des enfants et créer son propre cocon familial est une priorité. Le besoin de briller aux yeux du père est fort.

En fin de vie : Grande dynamique artistique ou dans la transmission du savoir.

Maison IV en Vierge :

Le foyer est un endroit rangé, organisé. La famille se voit parfois touchée par la maladie, ou des problèmes de santé demandant beaucoup l'attention de tous.

En fin de vie : Priorité à conserver une bonne santé.

Maison IV en Balance :

La quête d'harmonie au sein du lieu de vie se fera coûte que coûte. Le couple est prioritaire et il paraît peu probable de vivre un jour de manière solitaire.

En fin de vie : En bonne compagnie.

Maison IV en Scorpion :

Les relations avec les parents seront soit totalement harmonieuses, soit discordantes. Il peut y avoir des difficultés liées à la perte d'un membre de la famille ou d'un morceau de soi-même à un moment de la vie.

En fin de vie : Le besoin de déménager se fera sentir. Faculté de voyance ou de médiumnité.

Maison IV en Sagittaire :

Le foyer est un endroit convivial, ouvert où les grands esprits se rencontrent. Le besoin d'équilibre spirituel et familial s'impose peu à peu dans la vie.

En fin de vie : Quête d'un éveil spirituel ou d'un lieu proche de la nature.

Maison IV en Capricorne :

La maison est un endroit froid, inhospitalier, où l'on aime passer le moins de temps possible. Néanmoins, les valeurs familiales, paternelles, sont ancrées et incitent à la réussite afin d'honorer son nom.

En fin de vie : Aspire à la quiétude, loin de tout travail.

Maison IV en Verseau :

La figure paternelle nous a incité à nous différencier autant dans la famille qu'à l'extérieur. Chaque étape de vie est vécue comme un nouveau chapitre.

En fin de vie : Une nouvelle vie loin de tout ce qu'on a connu, on repart sur de nouvelles bases. Intuitions développées.

Maison IV en Poissons :

À la maison on se sent connecté à tout, aux êtres humains, aux animaux, aux ambiances. Les sujets les plus banals prennent un caractère mystérieux. La figure paternelle privilégie les émotions. Les ressentis sont au cœur des conversations.

En fin de vie : Prépondérance des croyances spirituelles ou religieuses.

La Maison V

confine à la créativité, aux dons artistiques, aux passions, au rapport avec l'enfance, l'enfant intérieur, les relations sentimentales et la luxure.

MAISON V EN BÉLIER :

Les conquêtes amoureuses s'enchaînent à moins d'être passionnées et stimulantes.

Parentalité : Pas d'enfant ou un seul.

MAISON V EN TAUREAU :

Grande fidélité dans les relations amoureuses qui sont, de fait, peu nombreuses, mais durent dans le temps.

Parentalité : Grand désir d'enfant.

MAISON V EN GÉMEAUX :

L'amour est le théâtre de déclarations enflammées. Tendance à s'accrocher à plusieurs relations.

Parentalité : Plusieurs enfants.

MAISON V EN CANCER :

L'affection est au centre des amours. Besoin de recueillir l'adhésion familiale avant de s'engager.

Parentalité : Grand désir d'enfant.

MAISON V EN LION :

La seule manière pour l'amour d'exister, c'est d'être intense. Il faut que l'amour fasse vibrer pour durer. Au bras de l'autre, on se sent exister.

Parentalité : Amour profond des enfants.

Maison V en Vierge :

En amour, on donne beaucoup et on récolte peu. Besoin d'exprimer sa créativité.

Parentalité : Qualités de pédagogue auprès des enfants.

Maison V en balance :

Besoin de réaliser ses rêves de conte de fées en amour.

Parentalité : Le couple apporte un équilibre et passe avant les enfants.

Maison V en scorpion :

Pour une vie sentimentale harmonieuse, il faudra mettre tous ses questionnements de côté. Il peut y avoir de la violence verbale ou physique avec l'autre.

Parentalité : Les enfants seront pleins de joie et d'allégresse.

Maison V en sagittaire :

On tombe amoureux lors d'un voyage à l'étranger ou d'une personne de culture différente.

Parentalité : Les enfants sont élevés dans la joie et l'ouverture au monde

Maison V en capricorne :

Forte ambition de trouver le partenaire idéal pour fonder la famille idéale

Parentalité : Fierté envers ses enfants.

Maison V en Verseau :

La liberté est sa philosophie. Il faudra une personne extraordinaire pour pouvoir s'attacher.

Parentalité : Pas d'enfant ou bien un seul.

Maison V en poissons :

L'être aimé l'est pour ses qualités intérieures. Il est possible d'avoir beaucoup de secrets dans la relation.

Parentalité : Plusieurs enfants.

La Maison VI

exprime la santé, la maladie, la vie quotidienne, la routine, le bien-être, la notion de service, le dévouement, les animaux, la vitalité.

(les maladies ci-dessous sont citées à titre d'exemple, elles indiquent les parties du corps éventuellement atteintes en cas de maladie grave).

Maison VI en Bélier :

Santé : Maladies en rapport avec la tête

Le quotidien doit être stimulé constamment.

Maison VI en Taureau :

Santé : Maladies en rapport avec la gorge, la voix

La routine est un refuge.

Maison VI en Gémeaux :

Santé : Les voies respiratoires, les poumons, les bras

Des déplacements fréquents pour le travail.

Maison VI en Cancer :

Santé : L'estomac et le système digestif sont à surveiller

Le lieu de travail doit ressembler à un lieu familial.

Maison VI en Lion :

Santé : Problèmes au cœur

Attente de reconnaissance dans le travail et investissement récompensé par des promotions.

Maison VI en Vierge :

Santé : Les intestins

Besoin de se sentir utile et dévoué au quotidien.

Maison VI en Balance

Santé : Les reins, les lombaires

Souhait d'avoir une bonne hygiène de vie avant tout.

Maison VI en Scorpion :

Santé : Problèmes liés à la vie sexuelle et aux organes de reproduction

Remise en question permanente dans l'enceinte du travail.

Maison VI en Sagittaire :

Santé : Les jambes, les cuisses

S'échapper ailleurs est nécessaire pour une routine équilibrée.

Maison VI en Capricorne :

Santé : Problèmes liés aux articulations, aux genoux, aux dents

Quotidien fait d'habitudes apportant de l'harmonie au travail et de l'ambition.

Maison VI en Verseau :

Santé : Problèmes de circulation

Travaille à son compte ou alors pour une immense entreprise dans laquelle on a un intérêt commun. Belle intuition.

Maison VI en Poissons :

Santé : Soucis psychologiques, problèmes aux pieds

Complexité à se trouver un emploi stable ou à définir son orientation professionnelle.

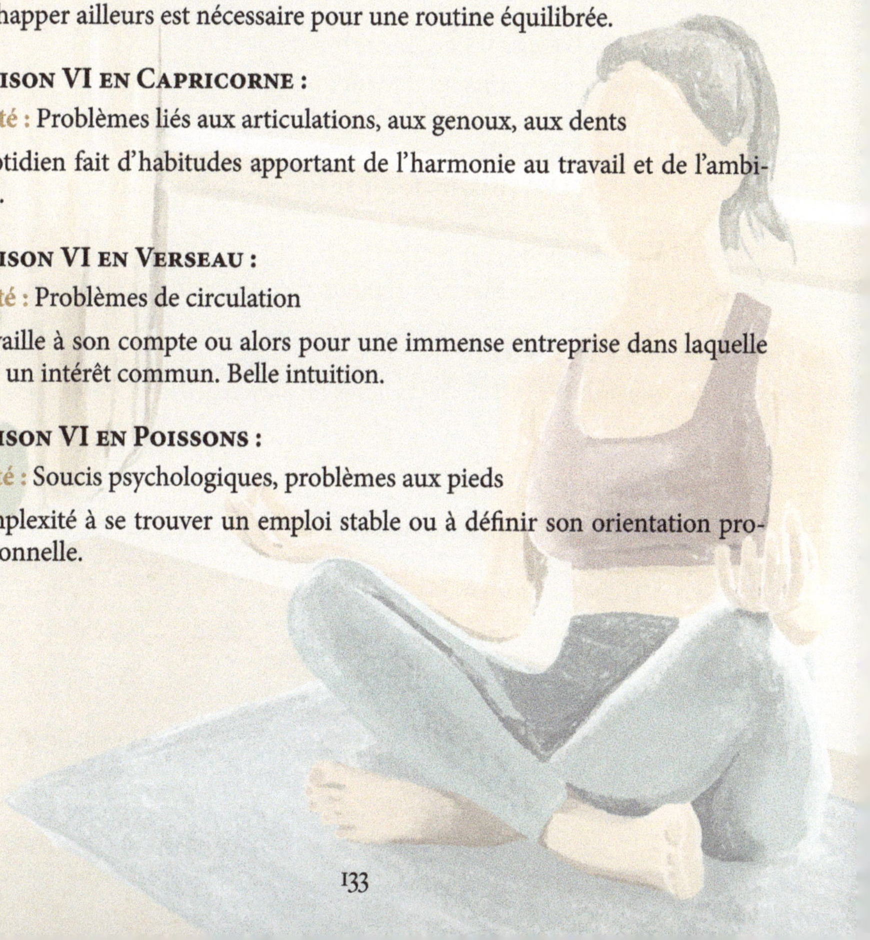

La Maison VII

On y retrouve également le Descendant (voir le chapitre concerné). La Maison VII s'intéresse à la notion de couple, de partenariat, d'engagement, de contrat, de mariage.

MAISON VII EN BÉLIER :

Relations amoureuses : En quête de relations passionnées.

MAISON VII EN TAUREAU :

Relations amoureuses : Besoin de créer un couple solide à travers le mariage.

MAISON VII EN GÉMEAUX :

Relations amoureuses : Un ami devient un partenaire.

MAISON VII EN CANCER :

Relations amoureuses : Besoin de suivre les schémas familiaux.

MAISON VII EN LION :

Relations amoureuses : Mariage d'amour avec un partenaire important.

MAISON VII EN VIERGE :

Relations amoureuses : Tous les critères du partenaire idéal doivent être réunis.

MAISON VII EN BALANCE :

Relations amoureuses : Mariage d'amour pour l'équilibre de vie.

MAISON VII EN SCORPION :

Relations amoureuses : Besoin d'un amour au-delà des apparences.

MAISON VII EN SAGITTAIRE :

Relations amoureuses : Quête d'un amour qui partage le même plan spirituel et la même philosophie de vie.

Maison VII en Capricorne :

Relations amoureuses : Engagement compliqué et véritable stabilité tardive.

Maison VII en Verseau :

Relations amoureuses : Besoin de liberté en amour, difficulté à s'engager.

Maison VII en Poissons :

Relations amoureuses : Recherche de fusion totale avec l'autre.

La Maison VIII

représente les transformations intérieures, la sexualité, le rapport à la vie et à la mort, au deuil, aux chocs de la vie, aux facultés cachées.

Maison VIII en Bélier

Face à la vie : Possède une belle énergie pour toutes les étapes importantes. Les moments dramatiques sont poussés par un feu vivant.

Maison VIII en Taureau

Face à la vie : Reste enraciné même lors d'événements troublants. Sa sensualité l'aide dans la recherche de sensation.

Maison VIII en Gémeaux

Face à la vie : Va rechercher d'où proviennent ses questionnements et panser ses blessures grâce à son savoir.

Maison VIII en Cancer

Face à la vie : Expose à une peur immense de perdre un proche ; capacité d'imaginer les pires scénarios.

MAISON VIII EN LION

Face à la vie : Force de caractère ; presque invulnérable face à tout ce qui l'atteint.

MAISON VIII EN VIERGE

Face à la vie : Se laisse guider par ses intuitions pour se libérer des blocages intérieurs.

MAISON VIII EN BALANCE

Face à la vie : Se torture pour conserver un équilibre parfait au sein du couple.

MAISON VIII EN SCORPION

Face à la vie : Se plonge dans les profondeurs de son âme pour comprendre son être. La sexualité tient une place importante.

MAISON VIII EN SAGITTAIRE

Face à la vie : Transforme complètement même au niveau spirituel.

MAISON VIII EN CAPRICORNE

Face à la vie : Résiste complètement à ses instincts et éprouve des difficultés à se laisser aller.

MAISON VIII EN VERSEAU

Face à la vie : Cherche des formations afin de développer sa clairvoyance.

MAISON VIII EN POISSONS

Face à la vie : Angoissé, terrorisé par tout ce qui est de l'ordre de la remise en question. Grande intuition ou médiumnité.

La Maison IX

évoque les grandes études, les grands voyages, les changements spirituels, le dépassement de soi.

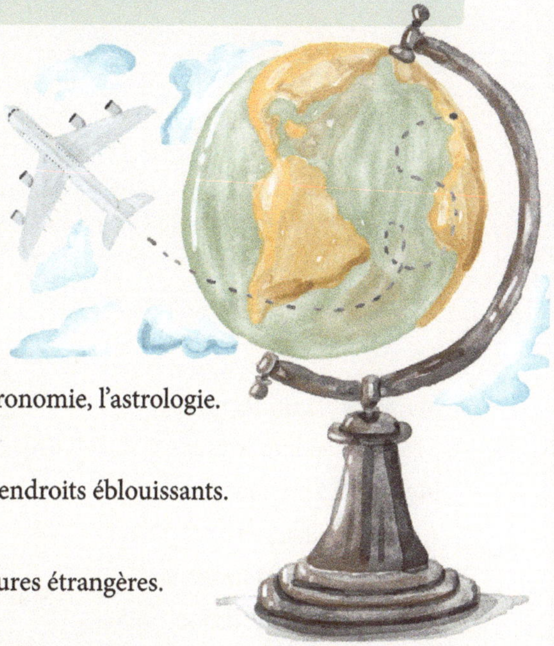

Maison IX en Bélier
A besoin : d'aventures.

Maison IX en Taureau
A besoin : de projets précis.

Maison IX en Gémeaux
A besoin : d'escapades.

Maison IX en Cancer
A besoin : de s'intéresser à l'astronomie, l'astrologie.

Maison IX en Lion
A besoin : de voyager dans des endroits éblouissants.

Maison IX en Vierge
A besoin : de s'ouvrir à des cultures étrangères.

Maison IX en Balance
A besoin : de rencontrer l'autre lors d'un voyage.

Maison IX en Scorpion
A besoin : d'expériences qui transforment.

Maison IX en Sagittaire
A besoin : de voyages spirituels.

Maison IX en Capricorne
A besoin : de contrôler ses déplacements.

Maison IX en Verseau
A besoin : de bouger constamment.

Maison IX en Poissons
A besoin : de se sentir en phase avec ses voyages.

La Maison X représente le Milieu du Ciel (voir le chapitre concerné)

La Maison XI

parle de la sphère amicale, sociale, de nos engagements pour le collectif, de notre rapport à l'environnement, d'investissement associatif, de rêves, de facultés.

Maison XI en Bélier :
Amitiés : au jour le jour

Maison XI en Taureau :
Amitiés : fidèles

Maison XI en Gémeaux :
Amitiés : arrivant de tous milieux

Maison XI en Cancer :
Amitiés : sincères

Maison XI en Lion :
Amitiés : basées sur le charisme

Maison XI en Vierge :
Amitiés : exigeantes

Maison XI en Balance :
Amitiés : harmonieuses

Maison XI en Scorpion :
Amitiés : teintées de rancœur

Maison XI en Sagittaire :
Amitiés : portées sur la spiritualité

Maison XI en Capricorne :
Amitiés : limitées par la confiance

Maison XI en Verseau :
Amitiés : profondes, sens de l'amitié

Maison XI en Poissons :
Amitiés : fusionnelles

La Maison XII

expose le jardin secret, les croyances profondes, la foi, les dons à développer, le rapport avec la spiritualité et les besoins de se ressourcer

Maison XII en Bélier :

A besoin de : s'accorder des moments de détente (corps).

Maison XII en Taureau :

A besoin de : de faire des balades en forêt.

Maison XII en Gémeaux :

A besoin de : s'extérioriser.

Maison XII en Cancer :

A besoin de : se retrouver avec soi-même.

Maison XII en Lion :

A besoin de : s'affirmer pour prendre des décisions.

Maison XII en Vierge :

A besoin de : solitude pour se retrouver.

Maison XII en Balance :

A besoin de : être heureux en toute circonstance.

Maison XII en Scorpion :

A besoin de : naviguer à travers l'occulte.

Maison XII en Sagittaire :

A besoin de : faire des breaks seul.

Maison XII en Capricorne :

A besoin de : se remettre en question.

Maison XII en Verseau :

A besoin de : se différencier des autres.

Maison XII en Poissons :

A besoin de : exprimer ses émotions.

Les énergies entre signes

Compatibilités Amoureuses

Bélier / Bélier

La rencontre entre ces deux feux se termine aussi vite qu'elle a commencé. C'est compliqué de confronter deux ego qui restent sur leurs positions !

Bélier / Taureau

Deux opposés. Un Bélier énergique en quête d'actions d'un côté et un Taureau tranquille de l'autre. Leurs tempéraments différents peuvent rendre la communication bancale.

Bélier / Gémeaux

Le Gémeaux s'adapte facilement à son partenaire, mais jusqu'à quel point ? Le Bélier prendra peut-être trop de place, ce qui pourra déclencher des disputes. Le dialogue est à prioriser.

Bélier / Cancer

Quand Mars rencontre la Lune. L'action face à l'émotion. Le timing non plus n'est pas au rendez-vous. Le Bélier est impatient et le Cancer, lui, préfère prendre tout son temps.

Bélier / Lion

Un remake de Game of Throne. Qui portera la couronne ? Ces deux flammes auront besoin de briller constamment, ensemble ou séparément. Passion ou confrontation, à vous de choisir !

Bélier / Vierge

La Vierge est méthodique, elle n'agit pas pour rien. Face à un Bélier qui se précipite constamment, cela risque d'être dur à supporter sur le long terme. La réflexion ou l'action ?

Bélier / Balance

Une belle entente basée sur le besoin de contrôle du Bélier et l'envie d'être orienté(e) de la Balance. Un beau duo si chacun y trouve son compte.

Bélier / Scorpion

L'un pique et l'autre prend feu à la première occasion. Un couple qui ne s'ennuie pas, mais qui passe son temps à chercher la petite bête chez l'autre.

Bélier / Sagittaire

Liberté, égalité, stabilité : les mots pour une relation longue entre ces feux sacrés. Chacun a besoin de sa totale liberté pour s'épanouir, sans quoi ils prendront feu.

Bélier / Capricorne

Qui aura le dernier mot ? Rapport de force entre ces deux éléments, têtus, obstinés, déterminés. Qui lâchera en premier ?

Bélier / Verseau

Si le Bélier n'empiète pas dans la bulle du Verseau, ça devrait tenir. Tant que l'air passe entre ces deux-là, tout roule. Attention à la jalousie et la possessivité du Bélier.

Bélier / Poissons

Ce feu qui brûle au fond du Bélier pourrait très bien être atténué par la douceur et la gentillesse de nos Poissons. La compréhension illimitée de notre dernier signe d'eau sera la clé.

Taureau / Taureau

La tranquillité est leur qualité principale. Ajouter à cela un beau lieu de vie, des petits plaisirs, des bons plats et des discussions sur l'oreiller. Ils roucoulent jusqu'à la fin des temps.

Taureau / Gémeaux

Le vent souffle sur cette terre complètement immobile. Le Taureau a besoin de sa routine, tandis que les Gémeaux veulent rester libres comme l'air.

Taureau / Cancer

La stabilité du Taureau conforte le besoin de sécurité du Cancer. Ils aiment leur foyer et feront de ce lieu un endroit parfait et accueillant où il fait bon vivre.

Taureau / Lion

Les plaisirs de la vie les réunissent, mais entre le feu et la terre, leur puissance et leur détermination donneront parfois lieu à des désaccords.

Taureau / Vierge

Harmonie et équilibre pour ces deux signes de terre. Leurs dépenses sont gérées efficacement et leur intelligence leur permet de s'écouter dans de bonnes conditions.

Taureau / Balance

Vénus les gouverne. Douceur et amour, au rendez-vous. La Balance ne doit pas se laisser enfermer par le Taureau casanier, de peur que la routine ne s'installe.

Taureau / Scorpion

Une relation basée surtout sur les rapports physiques. Prêts à s'aventurer dans les moindres fantasmes, sauront-ils faire durer le plaisir en dehors du lit ?

Taureau / Sagittaire

La terre et le feu font des compromis dans ce duo. Le Sagittaire conquiert le monde tandis que le Taureau cultive son jardin. À eux de trouver le juste milieu.

Taureau / Capricorne

Beau duo. L'un s'occupe des finances, l'autre des projets. À la maison, comme au travail, ils forment un binôme rassurant et affectueux.

Taureau / Verseau

Quand les opposés s'attirent. Le Taureau plutôt conciliant doit permettre au Verseau de garder son indépendance et ses idées pour que le couple tienne dans le temps.

Taureau / Poissons

L'affection des Poissons et la sécurité des Taureaux font bon ménage. Chacun apprend des qualités de l'autre. L'eau mêlée à la terre voit éclore de belles fleurs.

Gémeaux / Gémeaux

L'ennui ? Ils ne connaissent pas ce mot. Véritables adeptes des nouvelles rencontres, des nouvelles expériences, ils kiffent ! Mais est-ce que cela leur suffit dans leur couple ?

Gémeaux / Cancer

L'ado versus la mère. Le Gémeaux, éternel gamin, pourrait être un boulet dans la vie du Cancer, qui ne souhaite pas élever un enfant de plus.

Gémeaux / Lion

Une pluie de compliments déferle sur le Lion qui adore et en redemande ! Le Gémeaux s'adapte si facilement à son partenaire que le duo semble inarrêtable.

Gémeaux / Vierge

L'intellect est au cœur de ce duo. Leur curiosité engendre de longues discussions. La case des finances, quant à elle, est vide d'un côté, pleine de l'autre. Est-ce suffisant ?

Gémeaux / Balance

La définition de l'amitié-amour. Ces deux éléments d'air partagent les mêmes intérêts pour les sorties, les amis, les rencontres. Ils ont besoin de leur liberté pour être heureux ensemble.

Gémeaux / Scorpion

L'adaptabilité du Gémeaux sait contourner les pinces de notre Scorpion. La soif de découverte de l'air pourrait trouver son compte dans l'intimité de l'élément eau. Duo pimenté !

Gémeaux / Sagittaire

Voilà les globe-trotteurs par excellence. Ils sont toujours prêts pour l'aventure, ce duo s'avère curieux, intelligent, cultivé et à la conquête de nouveaux horizons.

Gémeaux / Capricorne

Les Capricornes sont beaucoup trop ennuyeux pour nos Gémeaux. Pendant que certains conçoivent des immeubles, d'autres les explorent. Un vent glacial se dresse entre eux.

Gémeaux / Verseau

La puissance de leur couple : leur bulle. Chacun a sa liberté et respecte celle de son partenaire. Les deux forment un duo ouvert, communicatif et humain.

Gémeaux / Poissons

Pendant que l'un rêve sa vie, l'autre vit ses rêves. Un duo qui n'a ni cadre, ni frontière. Difficile de penser sur le long terme ensemble, sauf si la communication passe en priorité.

Cancer / Cancer

Welcome to Sensibility World! Deux grands enfants hyper émotifs qui feraient des parents extras. Mais le couple dans tout ça ?

Cancer / Lion

Les signes de l'été. Chaleureux séparément, mais ensemble il faut qu'ils aient chacun leur responsabilité. L'un brille à l'extérieur de la maison, l'autre à l'intérieur. Un équilibre à trouver !

Cancer / Vierge

La Vierge offre douceur et sécurité au Cancer. Celui-ci dirige sa maison et n'a pas besoin que son partenaire, maniaque, lui rappelle ce qu'il y a à faire. Duo attentionné et aimant.

Cancer / Balance

N'aimant pas les conflits, ces deux signes pourraient faire la paire. Si l'air vaque à ses occupations tranquillement, sans déranger les humeurs de notre crabe, un beau duo est envisageable.

Cancer / Scorpion

Ça coule de source entre eux. Ils passent par plusieurs phases, de la rivière calme au tsunami, ils restent accrochés l'un à l'autre. La Lune et Pluton restent dans leur propre monde.

Cancer / Sagittaire

Duo fait d'aventures, imaginaires ou réelles. Le côté casanier du Cancer freine les précipitations du Sagittaire. Le feu se laisse contrôler par cette eau.

Cancer / Capricorne

La Mère et le Père du zodiaque. Ils se complètent sur tous les points. Le Cancer gère les responsabilités familiales et le Capricorne, les responsabilités financières et immobilières.

Cancer / Verseau

Quand le casanier rencontre l'indépendant : il y a grand besoin de communication. Se sentir rassuré d'un côté et aimé et compris de l'autre.

Cancer / Poissons

Un océan d'émotions, d'intuitions et d'imagination. Ils se sentent un, à condition de se parler à cœur ouvert. Sinon, chacun se renfermera dans sa carapace.

Lion / Lion

Les rois de la jungle sont de sortie ! Pour que ce duo en feu fonctionne, il devra apprendre à briller dans des domaines différents pour espérer briller ensemble.

Lion / Vierge

L'un est l'acteur, l'autre le scénariste. L'un le chanteur, l'autre l'auteur. Le Lion se pavane sur scène pendant que la Vierge se prépare en coulisse. Si chacun trouve son compte, on peut avoir un bon duo !

Lion / Balance

La Balance aime admirer son partenaire. Cela tombe bien, le Lion, c'est son activité favorite : être sous le feu des projecteurs ! Un binôme qui se dit beau.

Lion / Scorpion

Passion, domination au rendez-vous dans ce duo. Quand le Lion a pour cible notre Scorpion, tout est mis en œuvre pour arriver à ses fins et inversement. Tous les moyens sont bons ! Pas d'ennui !

Lion / Sagittaire

Feu dans le feu. L'optimisme prime dans cette relation. Le Lion a besoin d'être admiré et le Sagittaire le lui rendra bien. Duo bienveillant et aimant les nouveaux lieux insolites.

Lion / Capricorne

Une relation particulière. L'ambition et la persévérance du Capricorne d'un côté, les idées créatives du Lion, de l'autre. Ensemble ils peuvent faire de beaux projets. Et le couple ?

Lion / Verseau

Diamétralement opposés, ces deux signes pourraient former un couple rempli de feux d'artifice ! Ce qui les relie c'est leur quête de liberté. L'un pour son image, l'autre dans ses relations.

Lion / Poissons

Ils voient la vie en rose. Des couleurs, des plaisirs et des rêves, ils sont servis ! Les Poissons se laissent complètement embarquer dans le tempérament fougueux des Lions dominants.

Vierge / Vierge

Quand les perfectionnistes, maniaques se rencontrent, ça donne une relation basée sur la confiance, l'honnêteté et les petites attentions. Ne soyez pas trop exigeant non plus, c'est votre miroir !

Vierge / Balance

Très organisée, notre Vierge doit pouvoir laisser de la place à la Balance dans son planning. Le besoin d'équilibre et d'harmonie entre eux deux sera la source de leur amour.

Vierge / Scorpion

La Vierge pourrait se laisser séduire par le Scorpion, qui sera fasciné par l'intellect de son partenaire. Attention à ne pas tout gâcher en s'attardant sur les détails.

Vierge / Sagittaire

L'attraction entre ces deux-là est bien présente, mais le feu du Sagittaire pourrait être parfois trop fort pour notre Vierge plutôt calme.

Vierge / Capricorne

Ces signes de Terre sont brillants, méthodiques et savent gérer avec brio tous les projets. Le couple est solide, calme, désireux d'avancer ensemble, main dans la main.

Vierge / Verseau

Opposés, mais pas tant que ça ! L'amitié est importante pour eux. En revanche, la Vierge aime être à la maison et le Verseau, lui, ne tient pas en place !

Vierge / Poissons

Les Poissons rêvent beaucoup et la Vierge doit canaliser cette énergie pour qu'ils gardent les pieds sur Terre. Un duo doux, attentionné et vivant dans la simplicité.

Balance / Balance

L'équilibre : le secret de leur amour. Mais encore faut-il le trouver ! Hésitants, indécis, l'un d'eux doit prendre les choses en main s'ils veulent poursuivre. Couple charmant et doux.

Balance / Scorpion

Vénus rencontre Pluton ! L'air de la Balance aime son indépendance, mais le Scorpion est-il prêt à accepter que son partenaire s'éloigne de lui pour s'aérer l'esprit ?

Balance / Sagittaire

La Balance est douce, le Sagittaire jovial, une relation presque parfaite. La Vénus aime se laisser porter par les aventures du Sagittaire, qui, lui, est content de partager ces moments.

Balance / Capricorne

La douceur de la Balance peut être dérangée par la ténacité du Capricorne qui ne gardera pas la langue dans sa poche. Entre eux, c'est quitte ou double.

Balance / Verseau

Un peu d'air, de l'air, c'est juste une question de survie ! Pas de tabou, pas de non-dits. Entre amis et amants, c'est une belle relation dans l'intime comme dans la sphère publique.

Balance / Poissons

Pour que ce duo dure, il doit PAR-LER ! Deux signes qui ont besoin d'être constamment rassurés, aimés et compris. Un beau mélange à condition de s'exprimer.

Scorpion / Scorpion

Deux contre le reste du monde. Ils sont les seuls à véritablement se supporter et se comprendre. Un duo machiavélique, séducteur, joueur et amoureux.

Scorpion / Sagittaire

L'un envoie ses flèches, l'autre ses pics. On est loin du repos dans ce duo festif et honnête. Ils savent tester les limites de l'autre avec leurs armes.

Scorpion / Capricorne

Si leurs idées sont élaborées ensemble, c'est un duo qui peut s'accorder sur la durée. En revanche, si l'ambitieux se plonge dans son travail et le sensuel dans son cocon, ils n'ont plus rien à partager.

Scorpion / Verseau

Le Verseau parcourt le monde, il ne veut surtout pas être mobilisé par le Scorpion. Deux rebelles qui peuvent s'entendre, mais combien de temps ?

Scorpion / Poissons

L'hypersensibilité des Poissons peut submerger le Scorpion. Mais finalement ils se complètent sur cette sensibilité et créent un équilibre contre vent et marée.

Sagittaire / Sagittaire

Susceptibles, joueurs, honnêtes, c'est un duo explosif ! Deux flammes qui s'embrasent constamment, tout comme leur amour qu'ils doivent cultiver chaque jour.

Sagittaire / Capricorne

La cheminée et la neige qui tombe en hiver. Une belle image, de ces deux signes. Complémentaires et presque indissociables. Il ne reste qu'à le dire !

Sagittaire / Verseau

Voyages, cultures, découvertes, tout à fait leur dada ! Un binôme d'aventuriers, d'explorateurs. À la montagne comme à la mer, ils seront prêts à faire le tour du monde.

Sagittaire / Poissons

Beau duo de rêveurs, imaginaires et projets fous. Plus ils auront de points communs, plus le couple tiendra. N'oubliez pas de garder les pieds sur terre.

Capricorne / Capricorne

Un couple d'affaires. Ils savent tout gérer, la paperasse, les courses, les projets. Chaque chose a son temps, et chaque chose a sa place.

Capricorne / Verseau

Le Capricorne aime quand tout est limpide, efficace et rapide. Le Verseau, la rapidité, ça le connaît ! Mais il risque de partir un jour acheter du lait et de ne plus jamais revenir.

Capricorne / Poissons

Belle combinaison entre le doux rêveur et le père fondateur. L'un creusera les fondations, montera les murs, et l'autre s'occupera de la décoration, des meubles et des babioles.

Verseau / Verseau

Des amis, des amants, des amours, des aventuriers, des explorateurs, des humanistes, des globe-trotteurs. Un duo parfait sur le plan humain et relationnel.

Verseau / Poissons

Une amitié idéale entre ces deux signes, mais sur le plan amoureux, c'est plus complexe. Les Poissons cherchent la stabilité et la sécurité que le Verseau fuit complètement.

Poissons / Poissons

Ils vivent sur leur planète, avec des barbes à papa et des arcs-en-ciel. Un beau duo qui devra affronter les épreuves ensemble. Deux miroirs d'émotions, prêts à s'engager pour les autres.

Le mot de la fin

L'Astrologie reste aujourd'hui une science inspirante qui continue de faire parler d'elle. J'espère qu'au travers de ce guide tu as pu trouver les clés pour comprendre les étoiles de ton ciel de naissance.

Remerciements

Aux étoiles qui veillent sur moi.

Aux guides et anges gardiens qui m'ont envoyé les signes que j'attendais.

À mes défunts et mes aïeux, d'ici ou de là-haut, qui me protègent à chaque instant et qui m'ont transmis leur héritage.

À Elena, à Jordi, à Maman, à Papa, à Hermione, à Margaux, à ma famille merveilleuse et mes ami.e.s incroyables.

Notes

Notes

Notes

Notes

Notes

Notes

Notes

Notes

Notes

Notes

Notes

Notes

Achevé d'imprimer en mars 2025
par Sepec Numérique – 01960 Péronnas
N° d'imprimeur : N03395250204 - Dépôt légal : mars 2025